本书翻译出版受到兰州大学"双一流"建设

A HISTORY OF LONDON IN 100 PLACES

# 处地标中的伦敦史

〔英〕戴维·朗（David Long） 著

丁旭辉 译

科学出版社

北 京

北京市版权局著作权合同登记号　图字 01-2019-1611 号

**图书在版编目（CIP）数据**

100 处地标中的伦敦史 /（英）戴维·朗（David Long）著；丁旭辉译. —北京：科学出版社，2019.4
书名原文：A History of London in 100 Places
ISBN 978-7-03-060811-6

Ⅰ.①1… Ⅱ.①戴… ②丁… Ⅲ.①城市史-伦敦 Ⅳ.①K561.9

中国版本图书馆 CIP 数据核字（2019）第 043852 号

责任编辑：王　媛 / 责任校对：韩　杨
责任印制：张　伟 / 封面设计：楠竹文化
联系电话：010-64011837
E-mail：yangjing@mail.sciencep.com

*科学出版社* 出版
北京东黄城根北街 16 号
邮政编码：100717
http://www.sciencep.com
*北京虎彩文化传播有限公司* 印刷
科学出版社发行　各地新华书店经销

\*

2019 年 4 月第 一 版　开本：720×1000　1/16
2020 年 1 月第二次印刷　印张：9 3/4
字数：137 000
定价：76.00 元

（如有印装质量问题，我社负责调换）

# 内容概要

　　从古罗马时期的伦底纽姆到今日生机勃勃的现代大都市，本书会带你踏上一座具有两千多年历史的世界最具活力的都会之旅。

　　经过外族入侵与占领、移民潮、大火、德国闪电空袭和"金融大爆炸"等形形色色事件的塑造，伦敦历史呈现出无与伦比的多样性和戏剧性。为了让读者感受他对伦敦故事的酷爱，分享他的专业知识，戴维·朗精心挑选了100处有代表性的伦敦历史地标。罗马神庙、撒克逊古坟、泰晤士河上的冰上游乐会、乔治时代的风车……每处地标都以其独特的内涵诠释着伦敦历史上的一段重要时期。

　　本书简略地展示了伦敦历史名胜中那些容易被人忽视的璀璨珍宝，同时也讲述了隐藏其后的故事。无论你喜欢实地探索，还是喜欢躺在安乐椅上品味，它都会令你沉浸其中，带给你意外的发现。

# 作者简介

戴维·朗（David Long），作家、记者，《泰晤士报》《伦敦标准晚报》专栏作家以及电视、电台常客。他写过许多关于伦敦的书，包括《壮丽的建筑风格：伦敦 100 处最奇异建筑》《隧道、塔和寺庙》以及非常畅销的《伦敦手册》。

# 译者简介

丁旭辉，男，博士，兰州大学外国语学院副教授、硕士研究生导师，曾任曼彻斯特大学翻译与跨文化研究中心访问学者，从事翻译理论与实践、比较文学等研究。

# 目　录

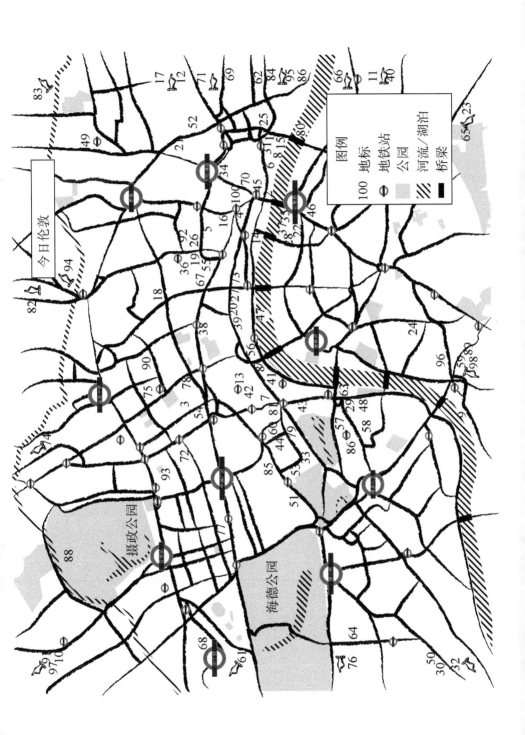

今日伦敦

图例

100 地标
地铁站
公园
河流/湖泊
桥梁

摄政公园

海德公园

# 引 言

**作**为一个伟大的世界性城市，伦敦经历过外族入侵与占领、移民潮、大火、德国闪电空袭和"金融大爆炸"①等形形色色事件的塑造。它也许不再是"世界上最大的都市"，这一称号早在百年前就被纽约取而代之，然而时至今日，它那两千多年的历史和文化遗产却显得无与伦比。

漫步走过现代伦敦街头，你很难忽视它的过去。或许这座城市永远都在重塑自己的形象，你总可以看到起重机和钢筋脚手架刺破天际线，但它的历史线索比比皆是。

除了罗马城墙、撒克逊时期的鱼栅和诺曼时期的教堂，伦敦的历史遗存还包括至今仍用来交易的中世纪②市场、巨大的修道院遗址、幸存于 1666 年熊熊大火的木结构房屋，以及最早城市规划所形成的简洁美观的街道和广场。最令人称道的是，绝大部分遗址可以免费参观。游客会发现，这是一本非常实用的旅游指南。

罗马人到来之前的伦敦历史确实鲜为人知。他们修建的第一个居民点被布狄卡女王③和她的爱西尼勇士毁灭殆尽，此后的许多建筑也都被深埋在"一平方英里"④内外巨大的现代建筑之下。虽然大部分

---

① 金融大爆炸：指伦敦迅速放松金融市场管制的过程，即金融大变革。1986 年，在撒切尔政府领导下的金融改革允许外国财团购买英国上市企业，伦敦城投资银行和经纪公司的构成和所有权自此发生了巨变。（译注）

② 中世纪（Middle Ages）：一般指欧洲（主要是西欧）历史上自西罗马帝国灭亡（476）到东罗马帝国灭亡（1453）之间大约 1000 年时间，在英国则指 1154—1485 年的金雀花王朝时期。（译注）

③ 布狄卡女王：布狄卡是罗马帝国时期不列颠的一个古凯尔特人部族爱西尼人的王后，后来成为女王，她领导了不列颠诸部落反抗罗马帝国占领军统治的起义。（译注）

④ "一平方英里"这个词语一直用来指首都老城墙内的部分，就是现在我们称为伦敦城（the City of London）的地方。该区域在 20 世纪 90 年代边界重新修订后包含了其以北的一小片地方，真正的范围就是现在测量得十分精确的 1.16 平方英里的区域。（原注）另，1 英里≈1609 米。（译注）

1

历史遗迹已经踪迹难觅，但在整个首都地区，新的考古发现仍然层出不穷。当伦敦人和游客着手探询丰富多彩的伦敦历史时，面对众多选择，也难免会感到取舍之难。

在过去几个世纪最容易唤起历史记忆的伦敦遗迹当中，有些仍然保存完整，气势恢宏，属于世界一流建筑之列；有些只剩下地基或框架，或者，就拿泰晤士河上的"冰上游乐会"来说，留存下来的只是一些记述而已。但这些遗迹所呈现的伦敦面貌，和我们今天在城市中所见到的任何地方一样，都是那么生机勃勃、独具魅力，令人难以置信。快速前进，不断改变，永不故步自封——伦敦就是这样一个和我们息息相关、伸手可及的地方。

# 第一章
## 罗马时期的伦敦——伦底纽姆

**罗**马军团到来之前的伦敦历史几乎不为人知。在今天的伦敦塔区域内曾出土过零星陶瓷碎片和一座铁器时代古墓，除此之外，没有任何有力证据可以证明公元前 54 年尤利乌斯·恺撒到来前伦敦有过真正的居民点。根据在普勒斯台德①发现的铜器时代小路痕迹推测，早期可能有人在泰晤士河流域遍布沼泽的宽阔河谷地带勉强维持着生计，不过，谁也无法确切说清他们生活的地点或方式。

泰晤士河为罗马人提供了一道天然防线。公元 43 年，罗马士兵第二次入侵伦敦，修建了一座横跨泰晤士河两岸的桥。②可以说，伦底纽姆就是罗马人围绕此桥而形成的一个居民点。公元 60 年，布狄卡率复仇的爱西尼军队摧毁了这座桥和居民点。今天街道下面十来英尺③厚的灰土层就能证明曾经存在这样一个居民点。罗马历史学家塔西佗④在这场战争数年之后记述，居民点在遭到摧毁之前非常繁荣，"是一个商人云集之地，也是一个远近闻名的贸易中心"。

---

① 普勒斯台德（Plumstead）：伦敦东南部格林尼治皇家自治市的一个区。（译注）
② 这座桥最初可能是一座浮桥，后来在某个时间重修为普通的固定桥。值得注意的是，固定桥在撒克逊时期和中世纪几经重修，1831 年约翰·莱尼爵士建成"伦敦新桥"之前，最初的罗马桥墩一直支撑着每一座新桥桥面。（原注）
③ 1 英尺≈30.48 厘米。（译注）
④ 塔西佗（Tacitus）：罗马帝国著名的历史学家和文体家。（译注）

# 1. 伦敦城墙

## 伦敦城①，塔山，EC3②

伦底纽姆作为早期的一个贸易站，不具备多少军事价值。据塔西佗记述，在布狄卡女王的军队对它发动猛烈进攻后，大约数千人被"屠杀、绞死、烧死，或被钉死在十字架上"。之后，在伦敦西北部被我们称为"跛子门"的地方兴建了一座堡垒。3 世纪时，围绕残存的堡垒建起了一道防御性城墙。

竣工后的部分城墙厚达 8 英尺，高 15 英尺。城墙内部占地面积达 330 英亩③，伦敦由此成了不列颠当时最大的城市，也是罗马帝国在阿尔卑斯山以北疆域内的第五大城市。城墙主要用料是肯特郡岩石，以燧石和压实黏土为地基。肯特郡岩石是英格兰东南部非常少见的硬质灰色石灰岩，是修建此类坚固持久建筑物的理想建材。

沿城墙筑有 21 处棱堡④和 6 道城门——无税门、参事门、主教门、跛子门、鲁德门和新门，每道门都通往罗马帝国，是连接伦敦和英格兰其他地方的一条通衢大道。从土木工程的角度来看，就算以古罗马标准衡量，城墙的整个修建过程也是一项艰巨的工程。它所需大概 1.3 万驳船石料，运输时船只需从位于现今梅德斯通附近的采石场沿梅德韦河溯流而上，再经由泰晤士河运至修筑地。

1500 多年来，城墙屡经修葺和扩建，而伦敦城始终被包围于其中，直到 18 世纪中叶，由于阻碍交通，6 道城门才被拆除。在随后几十年内，城墙大部分逐渐消失，但残存部分依然坚实牢固，即便在德国对英国实施闪电空袭之后，它们仍属"一平方英里"这个具有历史

---

① 伦敦城：也译作伦敦市或伦敦金融城，是"大伦敦"（Greater London）的次级行政区。我们通常所说的"伦敦"就是 1965 年英格兰行政区划中设立的"大伦敦"区，包括伦敦城和其他 32 个自治市（London boroughs）。（译注）

② 关于伦敦的邮编，参见第十一章中的"伦敦 E4 区"一节。（译注）

③ 1 英亩≈4046.9 平方米。（译注）

④ 棱堡：城堡的凸出部分。（译注）

意义的伦敦心脏地带最高建筑之列。

　　如今，各种残存城墙段被保存在地下室和地窖中，如老贝利街的中央刑事法庭内就保存着这么一段城墙。给人印象最深刻的几段城墙位于巴比肯社区附近、诺贝尔街、库柏街和塔山。这些城墙的上半段大都建于中世纪，曾修有垛口，不过现在也消失了。城墙上数排独特的红砖砌筑很容易让人识别出罗马时期的建筑痕迹。残存城墙如今仍高达 12 英尺多，它或许是最能唤起伦敦最早期历史记忆的建筑。

# 2. 一世纪码头

## 伦敦城，下泰晤士街，EC3

　　在伦敦，殉道者圣马格努斯教堂理应享有更高的知名度。这座泰晤士河畔迷人的教堂之所以为人所知，主要是因为其门廊内收藏了中世纪"伦敦桥"的一段残存部分。中世纪时期，圣马格努斯教堂位于古桥北端，所以查尔斯·狄更斯①称它为"守护古桥的巨人"之一。古桥南端是圣救世主和圣玛丽·奥弗莉教堂，1905 年经过整修后，更名为萨瑟克大教堂（见第四章）。

---

　　① 查尔斯·狄更斯（Charles Dickens，1812—1870）：英国作家，他的主要作品有《大卫·科波菲尔》《雾都孤儿》《老古玩店》《双城记》等。（译注）

5

20 世纪 30 年代，工人们在圣马格努斯教堂附近施工时挖出一截木头，虽然比现存的那段古桥要小很多，但它可能更有历史价值。这截木头后来被送至圣马格努斯教堂后固定安放在门廊内的底架上，标示牌上明确地写着："公元 75 年罗马码头文物，鱼街山出土，1931 年。"可是，前来参观这座由克里斯托弗·雷恩①爵士设计的教堂内景的游客总对这块木板视而不见。

泰晤士河边这样的古罗马码头早已为人所知。20 世纪 70 年代，伦敦博物馆沿着这片水域展开了彻底搜寻，结果发现了一段 2 世纪河堤和一片设计堪称"宏大"的 3 世纪码头区，还有许多类似的小的发现。事实证明，这一切对我们进一步了解罗马时期伦敦人的家庭和商业生活至关重要。

考古人员在下泰晤士街南侧人行道下面发现了木头堤墙痕迹，表明这里早期进行过填海建码头工程。据此推测，罗马时期的伦敦曾扩展到圣马格努斯教堂牌匾中提到的古罗马码头之外。从工程技术角度来看，修建古罗马码头确实是一项浩大的工程。它用几层大型橡木横梁铺陈，下方由地桩和支柱支撑。证据表明，它还使用了大量土石料作为填料。

古罗马码头虽牢固坚实，设计精妙，但证据还表明它的使用寿命非常短。实际上，没有任何证据能够证明公元 260 年以后它还在继续使用。它的使用寿命或许只有短短二十年，其中原因不甚明确，可能是河流水位下降导致河流淤塞。当然，我们知道，这一时期撒克逊海盗活动猖獗，长期袭扰通往欧洲大陆的航线。同时，罗马帝国内部的政治经济变化也使伦敦的北欧贸易伙伴受到影响。这个规模宏大的码头工程很可能在竣工不足十年时就已经被断定实在没有存在的必要。所以，在此后至少八百年内，这里的确再也没有修建过如此规模的工程。

---

① 克里斯托弗·雷恩（Christopher Wren，1632—1723）：英国皇家学会会长、天文学家和巴洛克风格建筑大师。优秀作品包括圣保罗大教堂、格林尼治天文台、剑桥图书馆和肯辛顿宫等。（译注）

# 3. 罗马驳船

## 伦敦城，黑衣修士区，EC4

1962 年，在弗利特河和泰晤士河交汇处附近修建车辆地下通道时，人们发现了一艘航海驳船残骸。这是一艘 52 英尺长的平底船，满载前面提到过的肯特郡石灰石。平底船残骸中发现的硬币和陶器将古船的历史指向了 2 世纪中期，后来运用年代检测法对古船木料的确切年代进行了检测，证明古船就是这一时期的东西。古船的发现表明，当时为修建新的防御性城墙，城市管理者进行了大量采购，驳船所运输的石灰石就是采购的一部分。

进入浸满水的古船残骸，研究人员很快确定船底和损毁的左舷部件符合传统罗马-凯尔特船只的特征。这是一艘以平铺法制造的橡木帆船，在传统的龙骨位置有两块宽龙骨板，将船首柱和船尾柱相连，然后用大铁钉牢牢地固定在橡木肋骨上。底肋板厚重结实，上面的侧肋骨则轻得多。桅座大约距离船头三分之一，是一个长方形槽，嵌于厚厚的横肋板之中。

驳船的发现意义重大，但由于残存部分过于支离破碎，门外汉很难体会到工匠们精湛的技术，也无从感受航行于泰晤士河上的船只大小。考虑到这一点，也为了更好地了解罗马船只的建造方法，伦敦博物馆后来委托该馆古代木工专家达米安·古德伯恩仿造了一艘同样大小的船只。

这是一项令人兴奋的工程。古德伯恩依据最初挖掘时测量的数据绘出了古船平面图，并利用平面图计算出了所需木板的数量和尺寸。仿造船所用的许多木板来源于肯特郡。1987 年，肯特郡"大暴风雨"导致大量橡树被刮倒在地，古船的部分木板就来源于此。其他木板是从尺寸符合标准、自然弯曲的橡树上截下来的。通常情况下，这类木材要比从笔直树枝上截下来的弧形木板坚固得多。

古德伯恩在仿造过程中使用了传统工具，如双人锯、扁斧和手斧，因此仿造船与原船相似度极高，船舷上甚至刻有类似于伦敦城内及附近出土的罗马时期木板上的那种纹路的独特斜纹。整个工程在伦敦博物馆的小花园里进行，施工过程对公众全景式开放。1991 年，伦敦博物馆将这艘船进行了短期展览，同时展出了受到保护的部分罗马码头区域。

# 4. 密特拉神庙

伦敦城，维多利亚女王大街，EC4

伦敦的"隐入河"数量众多，有些只比如今的排水沟大一点。1954 年夏发现的密特拉神庙是一座异教神庙，原址位于"隐入河"华卜河河岸。在神庙残迹上，围墙、半圆形殿和两两成排的支撑柱轮廓清晰可见。

挖掘之初，人们希望它是早期基督教建筑，后来却在遗迹中发现了罗马诸神的形象，包括墨丘利、维纳斯和密涅瓦。几周之后出土的密特拉神大理石半身像最终证明这是一座异教建筑。一段 4 世纪早期的拉丁文铭文也证明了这一点，铭文内容是："为了我们的主人——四位君主和尊贵的恺撒得到拯救，献给密特拉神——战无不胜、跨越东西的太阳神。"

密特拉神崇拜是一种庄重朴素的宗教信仰，其受到士兵们的推崇，信徒们特别崇尚力量、勇气和果敢。这一信仰的传统形象包括密特拉神宰杀野牛的血腥场景，象征着从摇篮到坟墓的人生之旅。几十年前，华卜河还出土过一幅浮雕[①]，上面刻有类似的史诗般的搏斗场面，以此向屋大维第二军团中一位老兵乌尔皮乌斯·西尔瓦诺斯致敬。由此推断，这位老兵肯定参加了在这座神庙中举行的宗教仪式。神庙内部光线昏暗，充满神秘气氛，以此提醒新加入的信徒们：密特拉神是在一处山洞中宰杀了神牛，而神牛的鲜血孕育了世间万物。

---

① 该区域一直在挖出宝藏，在笔者写作本书时，已经出土了一万多件文物，各路媒体兴奋不已，喋喋不休地将此发现称为"北方的庞培古城"。（原注）

密特拉神庙的发现在当时引起了轰动。在遗迹向公众开放后仅五天时间内，排队参观的游客就达到十多万人。有些议员呼吁对神庙进行原址保存，然而，城市的持续发展和重建意味着这绝无可能，所以议会决定将它小心拆除，然后在距原址几百码的地方重新拼立。

密特拉神庙遗址在被移往新址后存放了大约八年，最终对外开放，至今已有五十余年。只要沿着维多利亚大街走一走，就可以看到这座神庙遗迹。在本书写作期间，维多利亚女王大街区域经历着又一次重建，有关部门在考虑将神庙迁回"隐入河"河岸原址。

# 5. 圆形剧场

## 伦敦城，市政厅美术馆，EC2

密特拉神庙曾经一直是伦敦唯一的能在地面上看到完整轮廓的罗马时期建筑，但 1987 年，在埃德曼伯里街、格雷沙姆街和佩星豪尔街附近区域又发掘出一座规模更大的罗马建筑遗迹。

考古发掘呈现出一座大型椭圆形罗马剧场，最宽处达 300 多英尺，中心位于现在的伦敦城市政厅庭院。剧场初建用料可能是木材，建筑历史可以追溯到伦底纽姆受到布狄卡女王攻击之后的重建时期。2 世纪早期，剧场被重建，所用材料多为石料。重建的剧场成为大不列颠最大的剧场，可以容纳六七千名观众，差不多是当时伦敦人口的四分之一。此后，剧场保持了这种风貌，直到 5 世纪早期罗马人撤离英国。

有意思的是，在罗马人撤离英国很久以后，这座重要建筑的存在依然对该区域的发展产生着显著影响。例如，撒克逊人最初的市民全体大会场所"撒克逊市政厅"就特意在此地选址。还有一个例子是，上面提到的几条街道在修建时避开了剧场遗址的椭圆形边界，没有从它上面横穿而过。

罗马人撤离后，面积巨大的圆形剧场原址可能又被重建。在剧场被发掘后，选择把它像规模小很多的密特拉神庙那样拆解、搬迁是不可行的。因此，对于部分更具历史意义的剧场遗迹，有关部门采取了一些很有创造性的保护措施。例如，伦敦城市政厅庭院路面清晰地勾勒了真实的竞技场轮廓。市政厅美术馆的地下室内，残存的圆形剧场大门也可供参观。游客还可以看到两个规模较小的前厅，格斗者在每次表演之前可能在此候场。还有残存的排水道，里面曾发现动物和人的骸骨。人骸骨或许就来自于参加那种令人胆寒的表演而丧生的人。

# 6. 马赛克地面

## 伦敦城，万圣教堂，EC3

彩色马赛克及嵌花地面当属最令人兴奋的罗马时期遗迹之列。1976年，伦敦城出土了一大块石灰石镶边的红黄黑白四色马赛克，被认为是 20 世纪 70 年代最重要的发现之一。这块马赛克出土于齐普赛街和格雷沙姆街中间的米克街，在厚重的灰土层下被封存了几个世纪后，考古人员将其小心抬出，最后在伦敦博物馆展出。

除此之外，在英格兰银行的小博物馆以及大英博物馆内，也可以看到其他一些马赛克，同样让人印象深刻。令人兴奋的是，在万圣教堂下方还有可能看到一段原址被保存的罗马时期地面。

万圣教堂始建于公元 675 年，可能是伦敦最古老的教堂，我们将在下一章对其进行介绍。显然，在公元 675 年之前的很长一段时间，万圣教堂原址也存在其他建筑物。1926 年在万圣教堂古地下室内施工时，东墙地基下面发现了一块精致的 2 世纪红色马赛克，保存完好，应该是一所民居地面的一部分。在 7 世纪伦敦主教集资修建万圣教堂之前，民居已经存在了几百年。此外，这个地下室内目前还陈放着现代制作的伦底纽姆全景模型，游客可以假设在那个时期从泰晤士河对岸或现今夏德大厦所在区域的有利位置鸟瞰整个伦敦。

# 7. 伦敦最后一位罗马公民

## 特拉法加广场①，圣马丁教堂，WC2

2006 年，英国广播公司报道了一项具有历史意义的考古发现：在对伦敦地标性教堂圣马丁教堂进行施工期间，发现了一具人体遗骸，位于罗马时期的一口石灰石棺内，头骨缺失。石棺隐藏在几个维多利亚拱和教堂边界之间。

由于这并不是伦敦发现的首座古墓，再加上它与 18 世纪修建这座教堂时的一项考古发现相似，所以研究人员一开始弄错了古墓的年代，认为尸体埋葬年代较近，只是重复使用了古老的石棺。为了证实这个猜想，研究人员通过碳年代测定法对一小段骨头进行了检验，结果让研究人员、历史学家和该教堂权威人士感到十分欣喜。检测结果非常确定地表明，古墓主人卒于公元 390—420 年。

尸骸年代的确定非常关键，因为公元 410 年是罗马人最终撤退到欧洲大陆的时间。当时，罗马军团意识到无力保卫疆域空前广阔但处于困境中的罗马帝国，准备牺牲或放弃像大不列颠这样的边远地区。同时，这个时间也意味着古墓主人这位"最后的罗马公民"和圣马丁几乎生活在同一时代。圣马丁是一位罗马战士，生

---

① 特拉法加广场：位于威斯敏斯特市的著名广场，1805 年为了纪念著名的特拉法加港海战而修建，广场中央耸立着英国海军名将纳尔逊的纪念碑和铜像。（译注）

于潘诺尼亚。潘诺尼亚地区位于多瑙河以西,地域宽广,包括今天的奥地利、匈牙利的一部分和前南斯拉夫领土。这个时间还表明,尸骸出土之地曾长期作为重要的宗教场所,且其持续时间之长,远远超乎我们的想象。

有趣的是,在挖掘尸骸过程中,还出土了几片样式简单的灰色撒克逊壶残片,这是迄今为止发现的最古老的一种壶具,距石棺有几英尺远,有 1500 多年的历史。这一发现提供了罗马时期的伦底纽姆和盎格鲁-撒克逊时期的伦敦维克之间缺失的重要环节。伦敦维克是一个很小的居民点,根据现在的了解,它位于当今伦敦西区的下方,且不是以城墙内的老城为中心。

# 第二章
# 撒克逊时期的伦敦——伦敦维克

就伦敦而言，我们称这漫长的几个世纪为"黑暗时期"似乎名副其实。时至今日，我们对于罗马时期的伦底纽姆的了解仍然只是东拼西凑，支离破碎，可如果与盎格鲁-撒克逊时期的微量考古发现相比，罗马时期的考古记载还是极为丰富多样的。

例如，虽然我们非常确定首座圣保罗大教堂是伦敦第一位主教默利图斯于公元 604 年主持修建的，但它早已消失得无影无踪。罗马伦底纽姆的命运在撒克逊时期的很长一段时间内到底如何，只能靠人们的臆测。至于撒克逊侵略者是否对伦敦视而不见，或将其洗劫一空，或临时占领这座残破不堪的城市后把它作为后罗马时期的贫民区，专家们的观点也不尽相同。

## 8. 撒克逊拱门

### 伦敦城，万圣教堂，EC3

有观点认为，后罗马时期的伦敦只零零散散地居住着一些小群体，他们都是粗野愚昧的外来者，在一种自己永远无法理解的文化废墟上勉强过着一种穷日子。这种说法虽令人沮丧，却有一种奇怪的吸引力，因为它确实也有几分道理，毕竟撒克逊人都是士兵或农民，并不是城镇居民。作为部落民族，他们更习惯住在茅屋，而不喜欢住在人们称为城市的生活环境中。

遗憾的是，这种说法缺乏有力的考古学依据，无法获得证实，不过，可以用撒克逊建筑方法的特征来解释这一点。撒克逊建筑方法主要依赖木材修建房屋，而木材只能在地面上留下微乎其微的痕迹，这还要假设房屋痕迹在后来的建设中未遭到完全毁灭。幸好有一些例外，去过前文提及的万圣教堂的游客就能看到这样一个撒克逊时期的遗迹。

早在公元 675 年，一位叫奥肯威尔德的伦敦主教在伦敦以东很远的埃塞克斯郡巴尔金地区建了一座新修道院。为给新修道院的发展募集资金，他捐赠了几处价值不菲的地产，其中一处便是伦敦第一座教堂——万圣教堂的原址，位于现在的拜尔德街。

伦敦大火①时，万圣教堂罕见地得以幸存，但德国的闪电空袭几乎将其彻底摧毁。除门面得到保留外，现今的万圣教堂基本上是后来大规模重建的结果。教堂墙体确实是 15 世纪所建，不过在其余地方也能辨别出各种早期建筑的风格，有一座撒克逊拱门便是其中之一，它造型虽然简单，比例却很协调。轰炸造成了该区域大量建筑被毁，但这座拱门却幸运地再次出现在人们面前。

此拱门最近已被认定为英国首都最古老的教堂建筑，这有力地证明了它就是伦敦唯一幸存的撒克逊时期简单却坚固的地上建筑。修建拱门所用材料也值得我们关注。可以看出，撒克逊建筑已逐渐完成了从木制材料向石制材料的过渡，人们已开始回收利用罗马时期的砌墙砖和墙面砖之类的石料。前面古伦敦城墙一节中曾提到过这种材料。

虽说回收利用旧料在当时并不流行，但也不能说这种方法就是独一无二的。齐普赛街圣玛丽勒波教堂的地下室就回收使用了一些罗马时期建筑的旧料。伦敦的许多其他教堂，如舰队街著名的圣布

---

① 伦敦大火（Great Fire of London）：发生于 1666 年 9 月 2—5 日，是伦敦历史上最严重的一次火灾，烧掉了许多建筑物，包括圣保罗大教堂，但切断了自 1665 年以来伦敦的鼠疫问题。（译注）

莱德教堂（这是该址重建的第七座教堂），可以辨别出撒克逊时期的地基。不过，在英国首都，没有任何地方能与万圣教堂相匹敌，对游客来说，也没有像万圣教堂这么有利于探索和理解古建筑历史的地方了。

# 9. 鱼　栅

## 兰贝斯自治市，九榆树区，SW8

伦敦有一处比较典型的撒克逊遗迹，只能在海水低潮时一睹真容，其他时候则难得一见。它就是一连串木杆，其中两排已经陷入泥泞的海滩。这些木杆是盎格鲁-撒克逊时期一处鱼栅的残余，由于远离市中心，并不引人瞩目。鱼栅是用来防止潮退时鱼类也随之被冲回海里的一种设施。这里，笔者要讲的是泰晤士河和埃弗拉河交汇处紧邻沃克斯豪尔桥的一处鱼栅。

　　如今的泰晤士河浑浊不堪，呈棕褐色，人们很容易忽视它曾经是可靠的食物来源地这一事实。公元 550—670 年，就是在这些木杆被钉入河床的那个时期，泰晤士河可能一直是沿岸人民富饶而重要的资源。在裘园、谷仓橡树园和哈默史密斯也发现了类似的鱼栅遗迹。哈默史密斯发现的鱼栅年代最为久远，可以追溯到 5 世纪早期。在这些鱼栅遗迹上还发现了一把短刃武器——撒克西斯刀。"撒克逊"之名正源于此刀。

　　后来在切尔西还发现了一处年代较近的鱼栅，可以追溯到公元 730—900 年，相比而言保存得稍好一点。所有鱼栅的形状都非常相似，都是独特的 V 字形，带有狭长的"脖子"，用来盛放捕获的鱼。这些木杆的直径通常只有三四英寸①，做工粗糙，周围应该有柳条或板条编成的围栏，但都没有保存下来。

　　鱼栅捕鱼的理念虽然简单，但操作起来相对比较复杂，渔民在捕

---

① 1 英寸≈2.54 厘米。（译注）

鱼时肯定会感到冰冷刺骨，也可能会面临生命危险。鱼栅制作者需要把握好鱼栅的方向，才能指望既能捕到逆流而上的鲑鱼，也能（在切尔西）捕到顺流而下的鳗鱼。这些鱼栅使用效率极高，一直沿用了好几个世纪。我们现在的 weir（鱼梁）一词正是由撒克逊的词语 wer 演变而来，指拦截游鱼的枝条篱。

# 10. 格里姆壕沟

## 哈罗树林区，HA3

格里姆壕沟酒店是一座 19 世纪 70 年代由理查德·诺曼·肖恩设计的乡村宅邸，曾是滑稽剧名家威廉·施文克·吉尔伯特爵士的故居，也是后来他意外溺亡的现场。格里姆壕沟在现代人耳中听起来更像是在约克郡，而不是伦敦，从哈罗树林一直延伸到宾纳尔绿地，长达三英里。酒店名称就取自这个古代土垒防御工事。

格里姆壕沟有各种叫法，如 Grim's Dyke、Grim's Dike 和 Grim's Ditch。①从这个低矮但却庞大的线性建筑上可以观看伦敦全景，天气好的话最远甚至可以看到萨里郡的利思山。不过，它的修建缘起至今仍然是谜。

1979 年进行的放射性碳年代测定法检测结果显示，格里姆壕沟的某些组成部分已有两千多年的历史，但大部分被认为形成于 5 世纪或 6 世纪。如此看来，这个土垒工事也许不是一座防御性建筑，而是一处分隔撒克逊人和当地土著不列颠居民耕地的界标。现在，格里姆壕沟的有些地方树木茂盛，会让人想起"树林"（weald）一词源于撒克逊语。格里姆壕沟所在的区域位于米德尔塞克斯郡境内，亨利七世在威斯敏斯特大教堂②（参见第五章）修建那座让人叹为观止的礼拜

---

① dyke、dike 和 ditch 在英式英语中都是"壕沟"的意思。（译注）

② 威斯敏斯特大教堂（The Collegiate Church of St. Peter at Westminster）：通称为威斯敏斯特修道院（Westminster Abbey），或译为西敏寺。

堂时，所用大部分木材就伐自这一区域。

# 11. 撒克逊古坟

## 格林尼治公园，SE10

如果了解撒克逊人的主要生活方式是放牧的话，就不难想象古老城墙内的大片区域为何无人居住，而被用于放牧，一些较大的废墟被用作牛羊临时围栏。许多我们熟悉的伦敦地名，明显有着撒克逊语渊源。由此可见，当时大多数撒克逊人更愿意散居在远离城墙的撒克逊小村落。

凯尼斯哥顿、吉塞尔顿、弗兰哈姆（泥泞之地）、兰贝黑萨村和斯提班黑村等撒克逊小村落，名称恰好与现在的肯辛顿、伊斯灵顿、富勒姆、兰贝斯和斯特普尼相吻合。此外，发现大多数撒克逊时期的墓地和古坟所在的地方，正是一些距离伦敦中心地带很远的区域，如克罗伊登自治市和新设立的格林尼治皇家自治市。顺便说一下，"格林尼治"一词显然也源于撒克逊语。

1992 年，在克罗伊登的公园巷发现了一个 4 世纪墓地，墓地内有一些骨灰罐和坟堆。墓地遗址随后被保存在政府停车场下面，远离了人们的视线，同时也能防止有人盗取文物。在格林尼治公园的格林尼治天文台以西，游客可能会踩到 6、7 世纪的 40 多座古坟，不过，有些古坟已难以识别。

1784 年 1 月，考古队对撒克逊时期的 18 座坟墓进行了考古挖掘，出土了少量彩色玻璃球、一些羊毛、几缕棕褐色头发、一块盾牌、一把大铁矛头和一把刀，似乎表明这些坟墓的主人们都是异教徒，而非基督徒。不难想象，考古队队长詹姆斯·道格拉斯牧师想必对此大失所望。另外，虽然在几个古墓中发现了木制棺材，但都尸骨无存。

18 世纪的业余考古学家，比如道格拉斯，都不可避免地存在考古知识缺失，所以对于那些墓主人到底是盎格鲁-撒克逊人还是丹麦人，直至现在尚无定论。但无论如何，这些坟墓如今肯定是属于我们这个时代的了。无论墓中的尸体命运几何，这些坟墓都为我们了解那些混乱无序的年代开启了另一扇窗户。随着后来的侵略者一波又一波袭来，被掠夺的不仅有当地土著居民，还包括早期移民的后代。那个时期的伦敦和现在的伦敦一样，都处于不断变化之中。

# 12. 基督受难像

## 斯特普尼区，圣邓斯坦与万灵教堂，E1

10 世纪晚期，伦敦主教邓斯坦主持修建了万灵教堂，1029 年邓斯坦被追封为圣徒后不久，万灵教堂更名为圣邓斯坦与万灵教堂。现在的圣邓斯坦与万灵教堂大部分建于 15 世纪，在 19 世纪得到扩建，但教堂久远的历史一目了然。邓斯坦主持修建万灵教堂之前，原址上存在一座木结构教堂，其时已为当地教民服务了至少数十年。

教堂东边有一幅盎格鲁-撒克逊时期的基督受难石刻浮雕像，非常罕见，对我们而言，教堂最令人感兴趣的建筑组成，莫过于此。浮雕有可能是教堂初建时分隔中殿和高坛的木制屏风的一部分。人们长期误以为它雕刻于诺曼时期，部分原因在于它的装饰略具罗马风格，而且，教堂内也未曾发现其他撒克逊时期的建筑物。事实上，迟至 1988 年才为它的撒克逊渊源正名。

雕像呈长方形，大约 3 英尺长，2 英尺宽，灰色石灰石材质，已被严重风化，可能是 19 世纪时一度被安放在教堂外面所致，但十字架刑耶稣受难场景依然清晰可见。它雕刻精致，边框是栩栩如生的树叶图案，耶稣头顶光环，圣母玛利亚和施洗者圣约翰位于象征太阳和月亮的图案下方，哀恸不已。

通过浮雕所用石料为产自剑桥郡的巴纳克石及其装饰风格推测，这幅雕像是在邓斯坦结束伦敦主教任期（958—959）后一段时间，或在他被任命为坎特伯雷大主教之后雕刻而成。

# 13. 公主墓

考文特①花园区，弗罗伦街，WC2

如第一章所述，最近几次考古挖掘都表明伦底纽姆正西方向曾存在一个大型撒克逊居民点，中心区域位于现今考文特花园。公元 672 年颁发的一条特许状②最早提到此地是一个城镇，到撒克逊中期，这一区域已扩展到泰晤士河河岸，成为一个繁荣发达的商业城镇。

该区域被称为伦敦维克，当时的面积很难精确估算，但根据一些零散的考古发现可以推断，公元 672 年的那条特许状颁布之时，它的面积约为 150 英亩。它存在的时间相对较短，也许是由于 9 世纪中期北欧海盗的不断袭扰，当地居民明智地撤回到城墙内以求自保，因此这一区域的大部分地方重归荒地或耕地。当时人口数量为 1 万—1.2 万，所以诺曼征服之前我们称作伦敦的地方，实际上要比六百多年前的伦底纽姆小得多。

关于撒克逊时期伦敦的考古发现大都是小发现，但也并非毫无价值。例如，2001 年，在考文特花园弗罗伦街的建筑工地上发现了一座古墓，古墓中出土了一件"符合公主身份"的精美首饰。它是一个漂亮的圆盘式胸针，由铜和精加工黄金制成，工艺极为精湛，上面镶嵌着产自印度的凸圆形石榴石。到目前为止，这是伦敦发现的最富有的一座撒克逊古墓，堪比萨福克郡著名的萨顿胡墓。此外，从这个浅墓中还出土了大量珠子和银戒指。如此种种让考古学家相信，坟墓的主人可能是东撒克逊王国的王室成员，或者是贵族。

在发现这座古墓的五年前，当考文特花园的皇家歌剧院工地上的推土机和起重机尚未施工之时，一队考古人员在此找到了几处撒克逊街道、房屋和作坊曾经存在的证据。据此设想，弗罗伦街的古墓可能

---

①　考文特是修女院（convent）的音译。（译注）
②　特许状（charter）：政府或统治者签署的允许城镇、组织或大学正式成立并享有特权的声明。（译注）

是某个墓地的一部分，它紧邻某个撒克逊小镇，用来安葬镇里的居民。后来在禧年堂和少女巷还有更多小发现，这些所谓的抢救性考古挖掘的成果证实了这个设想，由此还确定了伦敦维克的初始位置。此外，在特拉法加广场下方还发现了农业建筑遗迹。

撒克逊人后来撤回到罗马时期老城的举措具有重大意义，特别是考虑到北欧海盗的侵略暴行一直持续到了公元 994 年。这次回迁也是伦敦历史及其未来发展的一个重要转折点，同时还可以解释伦敦附近"奥德维奇"（Aldwych）这一地名的由来。"奥德维奇"是撒克逊语，指"旧商业城镇"。如果从撒克逊人的角度考虑，便可以完全理解这个词的含义——当他们在罗马古城墙的庇护下躲避北欧人侵扰时，只能从"新"城回望他们的旧家园。

# 14. 王后港

伦敦城，下泰晤士街，EC3

如果说斯特普尼区的基督受难像和万圣教堂表现了撒克逊人对宗教的热衷，那么我们有必要顺着撒克逊人的脚步，回到伦敦城内去找寻撒克逊后期人们从事商业活动的痕迹。

撒克逊时期的人们居住在分散的居民点，很多居民点或许只是由几所比较原始的房屋组成。显然，这些居民点根本无法同罗马时期繁荣的大都市伦底纽姆相比。即便如此，公元 731 年前，被誉为英国历史之父的学者型修道士尊者比德把泰晤士河岸边一个很大的居民点描述为"熙熙攘攘的集市，人们从陆路和海路汇集在此"。

那时候，很多商船有可能在更上游无护堤的地方靠岸，这样便可在潮汐间安全地卸货。不过，在王后港这里肯定存在和使用过一个更符合常规的码头，可以说，它为现代伦敦的金融和贸易财富打下了良好基础。

其实，王后港名字的由来可以追溯到中世纪。王后指的是不得人心的苏格兰王后、亨利一世的妻子玛蒂尔达，12 世纪早期，亨利一世赐予她向在此登陆的货物收税的权利。在之前很长时间里，这个被认为是现今世界上仅存的撒克逊海港叫作埃德雷厦德。阿尔弗雷德大帝于公元883年将此港口作为礼物赠予他的妹夫埃塞尔雷德，以奖励他战胜丹麦的功劳。古老的王后港呈长方形，很多部分由于重建而被拆除，大约一半工程残存至今，足有一千多年的历史了。

王后港位于泰晤士河北岸，萨瑟克桥和黑衣修士桥之间。由于它是现在伦敦城滨水区仅存的入海口，沿着行人众多的泰晤士河人行道步行时，就需要稍作绕行。难以置信的是，王后港在20世纪之前一直在使用，不过只允许较小的船只通过。1973年，它最终成为英国一处"在册古代历史遗迹"[①]。

遗憾的是，后来这里修建了重大防汛工程，这意味着我们只能看见王后港的大致轮廓，而无法目睹其他原初建筑。即使是这样，想一想这个小小的入海口曾经是中世纪伦敦最重要的港口，这是何等的非同凡响！约翰·斯托在1603年曾这样记载："王后河岸，或者叫王后港，堪称伦敦城第一水上门户。"顺便提及，几百年来以海鲜闻名的比林斯门港位于王后港偏东一点，当时名列第二。

---

① 在册古代历史遗迹：指英国受到保护的具有重要意义的考古遗址和历史性建筑，未经批准不能改变面貌。英格兰目前有大约2万处这样的遗迹。（译注）

# 第三章
## 诺曼王朝<sup>①</sup>时期的伦敦

**1066** 年是英国历史上具有决定意义的一年，不仅因为这一年发生了最后一次著名的外族成功入侵事件，更因为它见证了一个与罗马人风格迥异的民族的到来。这个民族的人会果断夺取自己的所需，并坚决守护自己征服的成果。

诺曼人确实非常热衷于把自己的习俗、文化、语言、法律和制度统统强加于本地居民，这对伦敦的行政管理产生了深远影响，而且延伸进了普通民众的生活。在诺曼统治结束之后的几个世纪里，很难确定法国人的影响在何处终结，而英国人又是从何处真正开始摆脱这种影响的。

## 15. 白　塔

伦敦塔，EC3

白塔至今仍是"征服者威廉"控制英格兰和英格兰人最为明确持久的象征。它不仅是伦敦塔范围内最重要的建筑，也是当时全伦敦最重要的建筑。虽然算不上诺曼时期英国境内最大的城堡（"最大城堡"的

---

① 诺曼王朝（the House of Normandy，1066—1154）：1066 年，法国诺曼底公爵以武力夺取英格兰王位，建立了诺曼底王朝（又叫诺曼王朝），史称"诺曼征服"。诺曼底公爵加冕为威廉一世，史称"征服者威廉"。（译注）

荣誉属于科尔切斯特城堡），但它是迄今为止英国最气势恢宏的诺曼时期城堡。

为了强化新诺曼统治者留给民众的印象，建筑白塔的石头专门从法国卡昂运来，它的高墙也会定期刷成白色，白塔因此而得名。就算没有这种涂饰，它那庞大的体积、90 英尺直插云霄的高度，同样可以使威廉的臣民们的矮小的房子和作坊相形见绌，并且它也比罗马时期最大的建筑高出许多。

当时，修建白塔其实是为了对当地居民的敌视态度做出回应，并非为了预先阻止这种敌视而采取的措施。1066 年圣诞节，威廉在威斯敏斯特大教堂加冕，但撒克逊人却被明令禁止参与这一极具象征意义的事件，随即引发了一系列暴乱。诺曼人意识到修建防御工事的需要，按照一位当代编年史学家的描述，这种工事"能够抵御众多凶悍、反复无常的民众"。他们很快就选好了合适的地址，开始建造防御工事。

严格意义上讲，白塔现在仍然是一座皇家宫殿，而在九百多年前初建时，它只是一个非常简单的木质墙体建筑，带有防御壕沟。后来发现的壕沟证据显示，白塔综合建筑始建时的面积只有 1 英亩多一点。1077 年前，罗彻斯特主教甘道夫已经"奉威廉大帝的命令"负责"监管这座宏大的伦敦塔的修建"，游客现在看到的白塔正是他当时主持修建的。

1087 年，威廉骑马发生意外，不久即驾崩，其时白塔虽已开工十年，事实上离竣工还遥遥无期。现在看来，白塔竣工与否其实并不重要，即便没有竣工，白塔已建成部分的庞大体积也足以让大多数伦敦人望而生畏，这正是诺曼人修建白塔的初衷。

后知后觉地看，白塔会让人切实联想到威廉大帝的使命感。入侵英国初期，威廉公开宣称他的意愿是让诺曼人扎根在英格兰，而历史也是如此展开的。直到 1216 年，英国才有了真正出生于本土的国王亨利三世（1216—1272 年在位）。直到爱德华三世（1327—1377 年在位）即位，才有了说英语的国王。当然，就算在现代，英语的丰富性和多样性也依赖早期注入的诺曼法语。

　　如今前来参观白塔的游客主要对两点感兴趣，一是英法两国相互交织的复杂关系，二是白塔的历史。例如，某种程度上，人们说"我们的"伦敦塔，实际上意味着"哈德良城墙"仍被视为是外国人的。后者会让人情感上很不舒服，容易想起不列颠被外国军队征服的历史。此外，白塔的多功能性也是人们的兴趣所在，它曾是皇家行宫、监狱、军营和军械库，甚至一度还被用作动物园。

　　白塔的建造几乎从一开始就有满足上述需求的目的，但它的主要功能是用于举行仪式、居住和满足纯粹的军事需要。不过，即使对白塔的多功能性已经有所了解，当人们从白塔外部走进圣约翰礼拜堂，从军事区域走进宗教区域，走进整个建筑内最原汁原味、最正宗的诺曼风格建筑时，还是会感到叹为观止。

　　白塔终究已经距离建造者的初衷非常之近。然而，由于白塔典型的诺曼小窗户在 18 世纪被换成了大窗户，所以其外观实际上变化很大。不过，圣约翰礼拜堂的窗户未被更换，它装饰简朴，与外部环境相得益彰，正是人们希望看到的近乎完美的早期诺曼教堂建筑范例。

　　白塔的圆形拱顶、简单粗壮的石柱和坚实耐用的十字拱顶诠释了早期诺曼建筑理念。诺曼后期建筑风格纳入了高耸入云、技艺精巧的尖拱，在以后几个世纪逐渐发展为哥特式建筑①。相比诺曼后期建筑，

---

　　① 哥特式建筑：12 世纪源于法国，在中世纪中晚期盛行于欧洲。它由罗马式建筑发展而来，为文艺复兴建筑所继承，整体风格为高耸清瘦，且带尖，以卓越的建筑技艺表现神秘、哀婉、崇高的强烈情感，对后世其他艺术均有重大影响。18—20 世纪，从英格兰开始，欧洲出现了哥特式建筑风格复兴，主要影响教会。（译注）

早期建筑显得更加自然，在某种程度上是更有机的整体。另外，由于白塔给人一种异常牢固的感觉，这也许比任何其他东西更能传达诺曼人以自己的形象重塑英格兰的精神和力量。

白塔可能曾被涂过鲜艳的色彩，但现在，它朴素简洁的装饰似乎是在宣扬简朴的美德。无论在任何时代，白塔的内饰都是伦敦最令人着迷的内饰之一。

# 16. 圣托马斯·贝克特出生地

## 伦敦城，齐普赛街，EC2

随着时间的流逝，侵略者和被侵略者之间的界线难免会越来越模糊。在相当长的一段时间里，精英人士基本都是诺曼人，但随着两个民族的逐渐融合，分界线逐渐消失，以至于问某个人是英国人还是法国人这样的问题会让人觉得不友好，也毫无意义。

圣托马斯·贝克特（1118—1170）在大多数人心目中是一位英国人、英国圣徒和殉教的坎特伯雷大主教，同时受到英国圣公会教徒和罗马天主教徒的尊敬。他的确出生在英格兰的土地上，出生地是伦敦城齐普赛街的一所房子，现在这里是一个卖男鞋的店铺，鞋的品牌恰好叫作"教会"。他在英格兰土地上接受过部分教育，曾就读于当时属于萨里郡的默顿修道院，但萨里现在已经成为一个横跨伦敦地铁北线的自治市。

不过，圣托马斯·贝克特的先辈是正宗的法国人。他的父亲吉尔伯特·贝克特是布莱昂（现属于上诺曼区）贵族领地蒂耶尔维尔的商人、小地主，后来定居伦敦。他的母亲玛蒂尔达也是诺曼人，但她并不是人们所说的萨拉森公主，她是在前往拜谒圣地途中对吉尔伯特心生爱慕的。她的真实身份仍然无法确定，但她也许和征服者威廉一样都来自于法国卡昂，并且和坎特伯雷大主教西奥博尔德应该有亲戚关系。为给年轻的托马斯谋求一个职位，贝克特家族非常看重这层关系。

1145 年，圣托马斯·贝克特（以下简称贝克特）开始为西奥博尔德效力，担任他的秘书和机要人员。不久，贝克特被提升到坎特伯雷副主教的要职上，其后前往伦敦担任亨利二世的国务大臣。对于一个年轻人来讲，他的升迁速度实属惊人，不过这也符合诺曼精英们的心愿——必须要确保权力杠杆始终掌握在法国人，或者至少也应该是那些和法国人有明确而紧密关系的人手上。

贝克特在金融、管理、政治和外交方面天赋异禀，不久便积累了一大笔财富，于是在生活上极尽享受之能事。在别人眼里，他的生活方式之奢靡甚至超过了君主。在王权和教会之间，他曾明确表态支持王权，所以他的职位晋升似乎顺理成章，水到渠成。1162 年，他先被任命为神父，仅几个小时后，如期登上了坎特伯雷大主教的宝座，成为第一个担任此职的非修道士。

贝克特担任大主教不久之后，过起了清苦简朴的生活，还辞去了国务大臣之职。亨利希望他继续把王权和国家利益放在教会之上，他却开始采取行动企图重新夺回坎特伯雷大主教前几年放弃的权力，因为他觉得那是非常不明智的行为。

当然，这意味着和国王唱对台戏。贝克特似乎处处和国王作对，尤其是他企图让神职人员不再从事法庭工作。亨利面对朝臣发表了一次著名训诫，这个训诫被演绎成了传说。在训诫中，他声称想除掉这位"不安分的神父"（或"出身低微的牧师"，说法不一）。随后，亨利获悉四位骑士领受了这项艰巨的任务，而贝克特于 1170 年 12 月 29 日在自己的座堂内遇刺身亡。

关于贝克特之死的传说充满了种种神秘色彩。历史难免会被重写，所以后人永远也无法得知他被谋杀的真相。人们唯一知道的是，四位骑士为了完成国王交给他们的任务，必须要横渡英吉利海峡；最重要的是，他们和贝克特以及亨利二世一样，都是正宗的法国人。

# 17. 圣玛丽·马德莱娜教堂

## 东哈姆区，诺曼路，E15

圣玛丽·马德莱娜教堂只是一个简朴的教区教堂，与伦敦塔王室专用的圣约翰礼拜堂形成了鲜明对比。除了一座 16 世纪的塔和一个小门廊，圣玛丽·马德莱娜教堂的其他建筑基本上建于同期，由三部分组成，即无走廊中殿、狭长的高坛和圣坛，符合 1130 年那个年代信徒们对教堂布局的预期。它还有一个宽敞的院落。虽临近一大片现代公共住宅区，以及约瑟夫·巴扎盖特爵士于维多利亚中期设计的大型北部下水系统，但它那乡村小教堂的模样至今依旧如初。

在公元 958 年撒克逊时期颁布的一条特许状中，教堂所在地当时叫作哈姆，指河流或沼泽之间的旱地区域。1086 年的《末日审判书》①中又提到哈姆，当时可能依旧是一个距离伦敦非常遥远的小村庄。到巴扎盖特生活的时代，哈姆被描述为一个"散乱的村庄"，直到 1965 年才最终被并入伦敦纽汉自治市。

事实上，圣玛丽·马德莱娜教堂如今还是一座乡村教堂。考虑到上述方方面面的因素，它能完好保存至今，确实令人赞叹，尤为令人赞叹的是，教堂所在的村庄在历史上某一时期肯定也曾非常繁荣，这就意味它以种种理由抵制了重建或改建的冲动。

走进圣玛丽·马德莱娜教堂，这座诺曼建筑立刻就会给人留下深刻的印象。和白塔命运相同，它的一些窗户曾被略微扩大，但用于建造屋顶的木材还是教堂始建时的木料，很多木料还用 12 世纪的木楔固定在一起。还有一点也和白塔相似，教堂的建筑者们使用了多种建材，包括我们在第一章中已经熟知的肯特郡硬质岩石，以及质量上乘的卡昂石料和回收利用的罗马时期墙砖。砌筑砖石的灰浆

---

① 《末日审判书》：指英格兰人口、土地和财产的调查报告，于 1086 年完成。（译注）

配置采用了诺曼时期的工匠配制和使用灰浆的一种独特方法——诺曼灰浆配制法。

教堂内部的北墙上有一个装饰性无通道拱廊，从它的交叉拱、粗糙的工艺和简单的曲折形纹路装饰可以看出，它建于诺曼时期。通向塔的西门的周边的装饰压条也是诺曼时期的风格。这种装饰风格在真正的乡村教堂非常罕见，但能在 21 世纪的伦敦与之不期而遇，确实带给人一种意外的惊喜。

# 18. 教士井

## 克拉肯威尔区，法灵顿巷，EC1

教士井名字的来历早已为人所知，但真正的井却一直不见踪影，人们以为它已完全被毁，直到 20 世纪 20 年代一处建筑工地施工时它才终于重新面世。

经伊斯灵顿自治市议会安排，我们看到了这口井，它基本上是一个都铎王朝①时期的砖制结构，但井的历史显然要比砖制结构的历史久远得多，而且在诺曼时期肯定一直在发挥作用。圣托马斯·贝克特雇用的牧师威廉·费兹斯蒂芬 1180 年以前撰写的《尊贵的城市伦敦简述》一书中提到几处这样的井，并描述了伦敦的教士和低等神职人员围在井边表演神话剧和宗教剧的情形。

在 1180 年之后六百年的时间里，这口井仍然在为人们服务。根据历史学家约翰·斯特卢浦 1720 年的描述，它位于克拉肯威尔和霍克利②之间的一条路上，1800 年左右被一个抽水机取代，19 世纪中期最终遭到弃用。当时它被垃圾填埋，后来上面还修建了建筑，所以直

---

① 都铎王朝（the House of Tudor）：亨利·都铎（Henry Tudor，1457—1509）于 1485 年 8 月在法国援助下杀死理查三世，夺取王位，建立都铎王朝，史称亨利七世。都铎王朝 1603 年终于伊丽莎白一世。（译注）

② 霍克利（Hockley-in-the-Hole）：位于伦敦中部克拉肯威尔区，是 17、18 世纪举行纵狗咬牛和纵狗咬熊等活动的地方。（原注）

到 1924 年才确定了井址。顺便说一下，名字听来让人身心愉悦的霍克利可能位于法灵顿路和克拉肯威尔路交汇处偏北一点的位置。

# 19. 圣巴塞洛缪大教堂①

## 史密斯菲尔德区，EC1

圣巴塞洛缪大教堂虽然是一座大型城市教堂，但它只是史密斯菲尔德区消失已久的奥古斯丁修道会建筑圣巴塞洛缪修道院的一部分。仅教堂的中殿，就足有 280 英尺长。

修道院于 1123 年由圣保罗大教堂的受俸牧师、亨利一世的宠臣华西亚主持修建。华西亚曾前往罗马朝圣，在归途中不幸身染重疾，梦到了圣巴塞洛缪修道院的样子，于是发誓如果能有幸活着回到伦敦，就要修建一座修道院和医院。今天，教堂旁边的那所医院仍然以圣徒巴塞洛缪的名字命名。

修道院大约于 1145 年竣工，在亨利八世②时期和其他修道院一样都没有逃脱厄运，巨大的中殿大部分被拆除，但修道院的少数几个建筑却奇迹般地保持完好无损，还有几个小型建筑物被另作他途，可能是因为它们正好位于伦敦城边界，地理位置良好。不知什么原因，教会唱诗班席和圣坛也得以幸存。修道院幸存部分随后被用作正规的教区教堂。幸存下来的还有著名的圣巴塞洛缪大集市（亨利一世给予教士们开办集市的权利），但在 1855 年，由于集市上的狂欢娱乐活动过于扰民，最终被勒令取消。

现在，修道院教堂的残存部分可以通过它的尖拱来识别。这些尖拱可能是伦敦最古老的尖拱，不过，教堂一层和二层许多造型更为传统的半圆拱和几个巨型圆柱都能说明教堂的建筑年代极其久远。显

① 还有一座圣巴塞洛缪小教堂（St. Bartholomew-the-Less），位于附近的巴塞洛缪选区内。（原注）

② 亨利八世（Henry VIII，1491—1547）：都铎王朝第二任君主（1509—1547 年在位），推行宗教改革，并通过一些重要法案，使英国教会脱离罗马教廷，自己成为英格兰最高宗教领袖，英国王室的权力因此达到顶峰。（译注）

然，这些简单的造型缺乏后来的哥特式建筑那种高耸入云、富有诗意的特质，但正如前所述，普通石制建筑造型简洁，坚固耐用，似乎诠释着强大、务实、直率的品格，而我们渐渐把这些品格与征服者威廉和他的子孙后代相联系。

教堂内还有一个建筑物值得关注，它就是通向一条名叫"小不列颠街"的教堂门房。它和教堂内的其他建筑一样，在 19 世纪中期基本上遭到弃用。19 世纪后期阿斯顿·韦伯爵士对这座门房进行过大幅整修。门房上段为露明木结构，显得古朴典雅，若从教堂庭院内观看更是如此；下段为 13 世纪所建。门房是进入前文提及的中殿的西入口。从这里进入中殿，游客会对长长的中殿留下深刻的印象。

# 20. 圣殿教堂

伦敦城，中殿巷附近，EC4

以后见之明对 19 世纪伦敦古建筑修复者们挑毛病的话，简直易如反掌，可这样做也许有失公平。包括圣巴塞洛缪大教堂的修复者韦伯爵士在内，很多修复者动机良好，只是当时建筑材料质量低劣。不过，有些修复者受到批评则无可厚非，很多建筑一经他们整修便再也无法恢复本来面目，圣殿教堂的修复工作就是一个典型的例子。这座游客眼中首都"最具诺曼特色"的诺曼教堂，在经过修复后，它那 12 世纪建筑所特有的神秘色彩消失殆尽。其原因不难追究，建筑历史学家沃尔特·戈弗雷曾描述过"古建筑外观特点是如何被维修或整修消失的"，他的描述可谓最佳解释。

很早以前就有人着手圣殿教堂的修复工作。17 世纪 80 年代，雷恩爵士曾为它增建过防卫墙；维多利亚时代的人对它也进行过"所谓的"维修。但这些维修成果大都毁于德国闪电空袭，当时教堂华丽的东窗被毁，许多十字军战士的坟墓也遭严重损毁。值得庆幸的是，诺曼时期教堂的底层平面图完好无损，同时，也因其相对隐蔽的地理位置，使得这座伦敦唯一的圆形教堂、英格兰仅存的四座圆形教堂之一，依然独具特色，值得一观。

圣殿教堂于 11 世纪由富有传奇色彩的圣殿骑士团所建，目的是保护前往耶路撒冷朝圣的朝圣者的安全。圣殿骑士团的正式名称是基督和所罗门圣殿的贫苦骑士团，成立之后迅速发展成一支骁勇善战的十字军战斗力量。由于接收了大量救济品和遗产，骑士团积累了一大笔财富，很快在欧洲诸多国家建立了分支机构，包括法国、阿拉贡、葡萄牙、匈牙利和克罗地亚。至亨利一世时期，圣殿骑士团在伦敦已久负盛名。

在伦敦，圣殿骑士团的第一座教堂于 1162 年在霍尔本竣工，但早在 1185 年它就被我们今天看到的圣殿教堂所取代。当时，它可能是一处名为"新圣殿"的大型修道院建筑群的一部分。圣殿教堂外观呈圆形，这在当时极为罕见。可以肯定的是，它并非像人们所说的那样，模仿了耶路撒冷圣墓教堂<sup>①</sup>的建筑风格，它实际上模仿了对犹太人、基督徒和穆斯林都具有重要历史与宗教意义的圆顶清真寺<sup>②</sup>的建筑风格。

随着圣殿教堂的修道士们在泰晤士河南岸拥有了更多土地，到 13 世纪，它已成为一座华美壮丽的教堂，接待过国王和教皇的使者。约翰国王被传唤至此下榻，当着男爵们的面，在《大宪章》上签名。如此巨大的财富难免会引起他人的垂涎和猜疑。14 世纪，教皇克雷芒五世听信谗言，撤销了罗马教廷对骑士团的支持，转而对其进行打压迫害，自此以后，骑士团便彻底名誉扫地。

骑士们被控亵渎神明、鸡奸和信奉异教。因当时他们已是成功的金融家，所以还被控放高利贷。这些罪行大都是捏造的，然而伦

---

① 圣墓教堂：位于东耶路撒冷老城，耶路撒冷基督教大教堂之一，基督教圣地，是耶稣遇难、安葬和复活的地方。现在，教堂是耶路撒冷牧首的总部，而建筑本身则由三个教会（拉丁礼罗马天主教会、亚美尼亚使徒教会、希腊正教会）和六个宗派（罗马天主教会、希腊正教会、亚美尼亚使徒教会、叙利亚正教会、埃塞俄比亚正教会、科普特正教会）共同管理。（译注）

② 圆顶清真寺：伊斯兰教著名清真寺和圣地，坐落在耶路撒冷老城东部阿克萨清真寺以北 300 米处，由第九任哈里发阿布杜勒·马里克于公元 687—691 年建造，一直是耶路撒冷最著名的标志之一。穆斯林称之为"萨赫莱"，意为"岩石"，故亦称"岩石清真寺"。（译注）

敦和其他地方的骑士们却都因此锒铛入狱，财产被悉数充公。后来，伦敦的律师们用不太光明正大的手段最终将圣殿教堂和周围的土地据为己有，直至今天，他们依然拥有永久产权。这种做法总体上虽然有争议，但充当圣殿教堂监护者的各律师公会至少养护着这块市中心宁静的地产，民众也能在办公时间享受他们所提供的大部分服务。

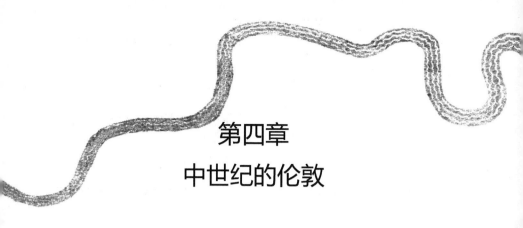

# 第四章
# 中世纪的伦敦

中世纪的伦敦是一个欣欣向荣的大都市，比最接近的竞争对手诺里奇和约克还要大六七倍。作为兴旺发达的贸易中心，伦敦城四周是众多财力雄厚的修士会。新的艺术和建筑风格正是通过修士会抵达英格兰，逐渐融入了英国文化。

总体上讲，中世纪是伦敦和不列颠的黄金时期，但假如要描绘一幅中世纪生活画面的话，内容必然是黑死病①暴发时令人毛骨悚然的场景。据说，这场蔓延全球的流行性疾病造成英格兰大约三分之一的人口丧生，仅伦敦就达三万人之多。

死亡人数只是猜测，精确的数字是不可能计算出来的，但据我们所知，150 年后伦敦人口才与瘟疫之前的人口持平，达到七万左右。我们还了解到，1348 年冬，城市墓地埋葬的死者爆满，所以不久之后又在城墙周围挖掘了新的集体坟墓。

有一处新挖掘的集体坟墓位于圣保罗大教堂以北的灰衣修士街。史密斯菲尔德区附近也有一处集体坟墓，占地面积达 12 英亩之多。②爱德华三世时期的骑士、主持修建了邻近的查特豪斯修道院的慈善家

---

① 黑死病（Black Death）：又称大瘟疫、黑色瘟疫，是人类历史上最严重的流行性疾病之一。据研究，黑死病由耶森氏鼠疫杆菌（bacterium Yersinia pestis）引发，起源于亚洲，1347—1351 年席卷欧洲，此后反复暴发，断断续续延续了三百多年，造成全球约 7500 万至 2 亿人死亡。1348 年，黑死病第一次袭击英国，1665—1666 年，黑死病最后一次在英国大规模暴发，称为"伦敦大瘟疫"（the Great Plague of London）。（译注）

② 据 2013 年春报道，从事"铁路横穿"项目的工人们在查特豪斯街发现了 13 具瘟疫死者的残骸。这被描述为"罕见而重要的发现"，使横穿项目中发现的尸体总数达到了 300 多具。随着工程接近利物浦街老贝德拉姆医院旧址，预计还将发现 13—17 世纪的 4000 多具尸体。（原注）

沃尔特·德·曼尼爵士专门买下这块地用作集体坟墓。

# 21. 杀戮场

## 老斯皮塔菲尔德市场，E1

伦敦的瘟疫坑数量非常多，人们总倾向于把伦敦所有大型集体坟墓都追溯到大瘟疫时期。但伦敦博物馆的考古学家于 2012 年发表的研究结果表明，在已消失的奥古斯丁教会修道院和圣玛丽医院救济院旧址发现的一座集体坟墓，是伦敦最大的集体坟墓之一，年代要比大瘟疫时期早得多，这让很多人倍感意外。研究结果还出乎意料地揭示，葬于此地的 1.05 万具尸体中，许多人的死因不是瘟疫，而是饥荒。

后来，人们对几千具遗骸进行了长期的生物考古研究，包括使用了放射性碳年代测定法进行检测，结果表明这些尸体的年代可追溯到 1258 年。造成饥荒的原因也很快被查明，当时地球另一边有一座大型火山喷发，喷发强度很高，数百万吨火山灰和其他残渣进入大气层，造成世界各地温度降低。

现有的资料记载，1258 年初确实曾有一段时期气候变化异常。英格兰年代史的早期编者马修·帕里斯修士这样描述："北风无休止地刮，大范围霜冻天气长时间持续，同时还在下雪，刺骨的寒冷在地球表面肆虐，残酷地折磨着穷苦人。"他还特别提到，极度的寒冷"使所有农作物的耕作推迟，牛犊被活活冻死，寒冷如同大瘟疫一般肆意在羊群中蔓延"。

饥荒对首都市民的影响完全可以想象得到，可谓令人不寒而栗，而被帕里斯称为下层人民的人受害尤甚。帕里斯说，饥荒"在下层人民中间以最令人伤心的方式传播死亡"，多达 1.5 万伦敦人饿死，英国其他地方也有成千上万人饿死。

直到现在，人们也不知道火山喷发的确切地点，可能性较大的是墨西哥、厄瓜多尔或者是印度尼西亚。不过，人们对灾难发生的原理有了更深的理解。大量火山灰进入大气层，导致世界各地的温度骤降至少 4 摄氏度。1883 年著名的喀拉喀托火山爆发后，世界各地的温度也受到相似的影响达数年之久。南极洲冰芯样本显示，无论造成伦敦第一次中世纪大灾难的火山爆发的地点在哪里，它的强度有可能是喀拉喀托火山爆发强度的 8 倍。

# 22. 骑士雕像

## 伦敦桥，萨瑟克大教堂，SE1

很多比帕里斯所谓"下层人民"地位高的人逃脱了饥荒，他们就可以指望有一个好的归宿，从而避免被扔进集体坟墓。其中一位便是在萨瑟克大教堂唱诗班席北侧走廊处安息的骑士。顺便提及，萨瑟克大教堂本身就是常常被人忽略的中世纪瑰宝。

这个滨河宗教场所的历史可以追溯至 7 世纪或更早，它的来源充满了神秘色彩。最流行的传说是教堂原址第一座教堂是由一位摆渡者出资修建的，他在萨瑟克-伦敦大桥尚未建成时发了大财。

比较确定的说法是，圣救世主和圣玛丽·奥弗莉教堂①是取代摆渡者捐建教堂的第三座教堂，建于 1220 年左右，是伦敦现存最古老的哥特式教堂。它的前身为一座诺曼建筑，是 12 世纪一座奥古斯丁教会修道院的组成部分，在 1212 年的一场火灾中遭到严重毁坏。圣救世主和圣玛丽·奥弗莉教堂虽曾于 14、17 和 19 世纪有过很大变化，但现在仍属英格兰早期最杰出建筑之列。

置身于圣救世主和圣玛丽·奥弗莉教堂内部，不禁会让人把它与前文所述诺曼时期粗重的圆柱进行对比。圣救世主和圣玛丽·奥弗莉教堂内部没有使用圣约翰礼拜堂（见第三章中的"圣玛丽·马德莱娜教堂"一节）的那种简单而牢固的圆柱，唱诗班席后面的石制屋顶宛若漂浮在地面之上，尖拱顶棚做工极为复杂，但并无冗饰，下面由几

---

① 萨瑟克大教堂早期叫圣救世主和圣玛丽·奥弗莉教堂，见本书第一章中的"一世纪码头"一节。（译注）

根纤细而精美的圆柱支撑。教堂内部显得简单朴素，装饰简略至极。若仔细欣赏，就能体会到工匠们的那份喜悦之情，他们肯定会为自己掌握了新技艺，或为自己毋庸置疑的精湛技术而感到喜悦。

大约 1275 年，雕刻骑士雕像的工匠也许深有同感，和摆渡者以及他所雕刻的骑士一样，他们的身份至今依然成谜。令人遗憾的是，此类雕像在伦敦所剩寥寥无几。在这座城市里，除了威斯敏斯特大教堂，这一时期其他教堂的雕像大都遭到严重损毁。威斯敏斯特大教堂显然是个例外，它之所以受到完整保护，是因为它是王室专属教堂，由君主直接管理，主教教区无权管辖。

伦敦大火期间，圣保罗大教堂内的大量收藏品遗失，德国闪电空袭使圣殿教堂圆形中殿四周的各种骑士雕像损坏严重，有些教堂里价值连城的文化遗产由于疏于保护和被人蓄意破坏而被毁，但在圣救世主和圣玛丽·奥弗莉教堂至少有一件中世纪的古物得以幸存，就是那个发黑的橡木雕像。它是英国现存不到 100 个的木质雕像之一，代表着理想化的贵族形象，完全符合我们对骑士时代的印象。

雕刻的骑士神情平和，双腿交叉，身披铠甲，手握宝剑。他的名字或许不为人知，但可能与一个名叫德·瓦伦纳的家族有关。这个家族的成员可能和这片区域有千丝万缕的关系，由于他们没留下任何供后代使用的纹章饰品，所以骑士到底是否属于这个家族也无从证实。

骑士雕像附近还有一座石质"墓石卧像"，可以让人们探究中世纪对死亡的痴迷。"墓石卧像"是法语说法，刻画一个将死之人，或者说是一个身着裹尸布、瘦骨嶙峋的腐尸，正在庆祝死亡带来的令人可怖的痛苦。这种庆祝方式在今天看来异常惊悚，主要是因为死亡本身就比较可怕。约翰·高尔纪念墓碑是教堂的第三件珍品，看起来就赏心悦目得多。约翰·高尔是与乔叟[①]同时期的英国诗人，也是他的朋

---

[①] 杰弗雷·乔叟（Geoffrey Chaucer, 1343—1400）：英国中世纪最伟大的诗人，第一位被葬在威斯敏斯特大教堂"诗人角"的诗人，被誉为英国文学之父。最著名的作品是《坎特伯雷故事集》。（译注）

友，死于 1408 年。墓碑上刻绘着他头枕自己所著的三部最知名的作品：《人类的镜子》、《呼号者的声音》和《一个情人的忏悔》。

# 23. 埃尔瑟姆宫

### 皇家格林尼治自治市，埃尔瑟姆，SE9

埃尔瑟姆宫由 20 世纪 30 年代纺织业继承人斯蒂芬·考陶尔德和他的妻子弗吉尼亚所建，但其历史可以追溯到大约一千年前。宫殿内部采用瓷砖装饰，有一座圆形大厅，还采用了背景音乐和集中式真空吸尘等先进技术，堪称英格兰遗产组织①管理的最壮观的 20 世纪英国遗产之一。

埃尔瑟姆宫最初被赐予"征服者威廉"的同父异母弟弟奥都。在中世纪的大部分时间里，它都是重要的王室行宫。现代的埃尔瑟姆宫内部呈现为装饰艺术风格②。从法律上讲，它仍然是英国皇家财产公司的资产。

1305 年，埃尔瑟姆宫被赐予后来的爱德华二世。不算之前几个世纪未经英王册封而自封为"威尔士亲王"的威尔士军阀的话，他是第一位"威尔士亲王"。爱德华二世的王后伊莎贝拉大半生是和儿子（后来的爱德华三世）在埃尔瑟姆宫度过的。有资料记载，到 1359 年，宫殿修缮的费用已累计达到 2000 英镑之多，这在当时不啻是个天文数字。杰弗雷·乔叟曾有一段时间负责监管宫殿的修缮。修缮工作一直持续到了 16 世纪。

以上事实表明，中世纪的埃尔瑟姆宫是一座非常宏伟壮观的宫殿，某种程度上，现在还是如此。内殿为国王、王室成员和心腹的寝宫，外殿则为工作人员和宫廷侍卫居住。一般认为，爱德华三世在此处设立了"嘉德勋章"（现在叫作"至尊嘉德勋章"）。法国国王约翰二

---

① 英格兰遗产组织（English Heritage）：官方名称为英国遗产信托公司，管理 400 多处英格兰历史建筑、纪念碑和遗址，其中包括巨石阵、多佛尔城堡和哈德良长城等。（译注）

② 装饰艺术风格（Art Deco）：是一种源于 20 世纪 20 年代的建筑设计风格，重视几何块体、重复线条以及曲折线的表现形式。（译注）

世战败被俘后押到英格兰，在这座宫殿内受到了英国国王接见。亨利八世童年的大部分时光是在这里度过的，但他的女儿伊丽莎白却只是偶尔光顾。埃尔瑟姆宫大概自此以后"失宠"。

有资料记载，到查理一世[①]上断头台之时，宫殿已"年久失修"。一位议会军军官买下了它，着手拆除宫殿内的建筑，到他死时只留下一片废墟。主殿虽然用作仓库，但它未被拆除实属幸运。埃尔瑟姆宫给人印象最为深刻的部分是中世纪悬臂托梁顶棚。威斯敏斯特大教堂的主殿是伦敦最大的主殿，拥有整个欧洲最大的中世纪木制顶棚，而埃尔瑟姆宫主殿是威斯敏斯特大教堂主殿之外伦敦最大的主殿。正因如此，19 世纪 20 年代，杰弗里·怀特威尔爵士曾考虑将它搬迁，作为温莎城堡扩建的一部分。

埃尔瑟姆宫最终幸运地逃过一劫，现在看来真是不寻常。一个世纪之后，政府了解到一对有钱的夫妇计划扩建、整修这座意义非凡的建筑后，就欣然将宫殿租赁给了他们。考陶尔德夫妇对埃尔瑟姆宫的整修和扩建无疑取得了巨大的成功，其室内布置在当时的英格兰乡村宅邸中可谓首屈一指。考虑到伦敦城内及附近其他中世纪建筑的命运，或许正是因为考陶尔德夫妇拥有了埃尔瑟姆宫，才挽救了这个美丽的世俗建筑遗产的命运。

# 24. 黑王子酒吧

## 肯宁顿区，SE11

1337 年，爱德华三世将肯宁顿赐予他的儿子"伍德斯托克的爱德华"作为领地。爱德华王子曾率英军取得克雷西战役[②]的胜利，人称"黑王子"。位于伦敦内城的"黑王子酒吧"就是为了纪念他而命名的。

---

① 查理一世（Charles I，1600—1649）：1625 年继位，1649 年因叛国罪被处死，是唯一被处死的英格兰国王。（译注）

② 克雷西战役（Battle of Crécy）：发生于 1346 年 8 月，是英法百年战争中的一次经典战役。此战英军 9000 人战胜了法军 3 万人，堪称世界战争史上一次以弱胜强的典范。（译注）

爱德华曾在现在的肯宁顿十字附近兴建了一座宏伟的皇家宫殿，但历经 700 年后宫殿已荡然无存。不过，宫殿所在的这块地皮却由一代代王室子嗣继承下来，如今它是康沃尔公爵领地的一个重要组成部分，占据着内伦敦方圆 40 英亩的区域。当今威尔士亲王①作为康沃尔公爵继承了这份价值不菲的遗产。

黑王子是一位杰出的将领，他曾俘虏法王约翰二世，并获得巨额赎金。他是第一位受封嘉德骑士的将领。随着 2008 年威廉王子受封第一千位嘉德骑士，这一勋位成了当今世界最古老的骑士勋位。现有文献中，关于黑王子所建宫殿的细节描述寥寥无几，只知道 1363 年前，宫殿内有一座新大殿、一座"王子寝宫"和其他寝宫、一间衣橱、几间新厨房、一间面包烘焙房和一间糕点师住房。

如此描述宫殿内部布局可能会掩盖这座宫殿的宏伟与豪华。它的主殿由石材整体砌筑而成，大约 88 英尺长，53 英尺宽，而"王子寝宫"的规模与之不相上下。宫殿造价高昂，总额达 1845 镑 5 先令 5 便士。如果换算为今天的货币，几乎是个天文数字。

作为躲避伦敦俗务的一个适宜的避难所，这座宫殿是理查德二世最喜欢去的地方。亨利·都铎即位成为亨利七世之前，偶尔还会把它作为王室行宫。1531 年，为了给亨利八世新建白厅宫②提供材料，宫殿大部分遭到拆除。据了解，其后查理一世在登基之前曾在此居住。如今，只有那位口碑良好的地主——威尔士亲王——经常光临这块土地了。

# 25. 瘟疫坑

哈姆莱茨塔自治市，东史密斯菲尔德，E1

伦敦的集体坟墓和瘟疫坑数量虽多，有时却不及与之相关的传说多。

---

①　这里的威尔士亲王指伊丽莎白女王的儿子、王储查尔斯（1948—），1958 年他被封为威尔士亲王，这一封号是英国王位继承人在储位期间的专用封号。（译注）

②　白厅宫：1530—1698 年英国君主在伦敦的主要寝宫。（译注）

有一个故事说，17 世纪，一名年轻男子不小心落入了一个墓坑，被迫靠啃食里面的骨头来维持生命并最终获救。尼科尔斯百货地下室挖得比正常情况下要浅，因为这会避免挖出更多尸体。20 世纪 60 年代，维多利亚地铁线的工程曾被迫暂停。当时在绿色公园下面施工时，隧道掘进机无意间挖到了一个古老的瘟疫坑，继续施工就会碾压到数百具尸骨。

还有类似的传说。据说，老街附近的邦希田园公墓①里埋葬的新教徒尸体可能比生活在整个南安普敦的人还要多。事实很可能就是如此，因为公墓名称中的"邦希"（Bunhill）就是"骨山"（Bone Hill）的谐音词。据研究，在瘟疫盛行期间，两位大臣和三位坎特伯雷大主教都接二连三地死亡。威斯敏斯特修道院回廊的黑石板下面，很可能掩埋了院长及 20 多位死于瘟疫的修道士的遗体。

我们可能永远都不会知道瘟疫造成死亡的真实人数，而真正的瘟疫坑仍不断被发现，使我们可以怀着浓厚兴趣去了解伦敦史上那一段动荡的岁月。例如，20 世纪 80 年代，在挖掘东史密斯菲尔德老英国皇家铸币局和伦敦塔之间的瘟疫坑时，起初发现里面的尸体埋葬方式井然有序，更像是一种传统的埋葬方式，但通过对骨骸的详细检测发

---

① 邦希田园公墓（Bunhill Fields）：建于 17 世纪 60 年代，专门用来埋葬新教徒以及极端主义分子，后埋葬了约翰·班扬（John Bunyan）、丹尼尔·笛福（Daniel Defoe）和威廉·布莱克（William Blake）等英国文坛巨匠。（译注）

现，埋于此处的死者并非死于中世纪伦敦人的正常死亡模式，而是与一场灾难相关，即黑死病。

瘟疫坑中的尸体堆积达五层，为细致研究瘟疫死者尸体提供了契机，可以断定，在整个欧洲的瘟疫坑中，对东史密斯菲尔德瘟疫坑的研究是最深入、最充分的。

研究者之所以对这个瘟疫坑产生更大兴趣，另一个原因是他们认为这些骨骼中的"牙髓"可能对现代医学有一定帮助，甚至有可能用于治疗人类免疫缺陷病毒（HIV），因为黑死病被认为是一种突变基因的源头，而这种突变基因能为人体提供 HIV 抗体。英国与其他国家的科学家们还热衷于对鼠疫本身的基因组进行排序，希望能够证明我们有可能追踪病原体的演变和毒性随时间发生的变化。

很遗憾，到目前为止，尚不明确是什么原因使瘟疫导致的死亡率如此之高。还需特别指出，现在每年全球仍有大约两千人死于这种疾病。不过可以肯定地说，这一无形的大众杀手仍在现代伦敦的土壤中潜伏着，而这正是我们依然对瘟疫坑怀有浓厚兴趣的原因。对于各种各样的瘟疫坑，无论是业已消失的，还是新近发掘的，无论是真实存在的，还是想象出来的，我们都怀有浓厚兴趣。

# 26. 一只棕色旧鞋子

## 伦敦城，比林斯门，泰晤士河前滨，EC3

透过残存的尸骨和雕像，我们可以了解到大量有关过去生活方式的信息。哪怕当代最好的历史记述和回忆录，有时也往往会忽略这些信息。但有时候，最能唤起回忆的细节，恰恰源于那些被丢弃在大街上的最平凡的家用物件。很多这样的物件最终都进入了这座城市的大型露天下水道——泰晤士河。现藏于伦敦博物馆的一只 14 世纪的破旧皮鞋就曾经有过这种经历。

维多利亚时代，成群结队的拾荒者只能在低潮期沿泰晤士河两岸勉强维持生计，而对于他们的后代，就是那些得到政府许可的拾荒者来说，河岸上可捡的东西非常之多。从淤泥中找出的东西包括一双 12 世纪的溜冰鞋、各种各样的武器、1440 年左右制作的原始的眼镜镜片。迄今为止，捡到的最有价值的东西是一个实心银环联结而成的金雀花王朝①时期的漂亮项圈。

不过，最令人伤感的恐怕是一只棕色的旧鞋子。它虽然只是幸存下来的数量惊人的鞋子之一，但已经足以让我们去了解中世纪人的脚，就像了解他们身体的其他部位一样。结果发现，他们的脚比我们的要小，但小得不太多，而且他们和我们一样遭受鸡眼和畸形之苦，如关节炎、槌状脚趾和足内翻。

鞋子主人的左脚右侧有一个巨大的拇趾囊肿，一眼就看到它把鞋子磨出了一个洞，足见囊肿之大。我们还可以推测，由于 14 世纪穿鞋的时尚是穿窄鞋，鞋子容纳不下脚，这对鞋子主人的折磨想必会是雪上加霜。

伦敦博物馆展出了根据这只鞋子复制的一只完整的脚，拇趾肿胀外翻，令人厌恶。你不用盯着它看很久，也能很轻易地感受到这位时尚受害者的不舒服，想象出他走在泰晤士河到圣保罗大教堂的这段上坡路时所经历的痛苦。也许就是这只鞋子强烈的叙事力量，让我们能短暂感受到一种消逝已久的生活方式。它也许还提醒我们——现代伦敦人与中世纪伦敦人之间的距离其实没有那么遥远。

# 27. 白衣修士修道院

## 舰队街，喜鹊巷，EC4

由于亨利八世对修道院的破坏，今天的我们很难领略到中世纪英格兰

---

① 金雀花王朝（the House of Plantagenet）：1154—1485 年统治英格兰王朝，王室家族源于法国安茹，首任国王是亨利二世。金雀花王朝期间，英国文化艺术逐渐成形，最能表现中世纪文学精神的诗人杰弗雷·乔叟便处于这个时代。哥特式建筑在这个时期盛行，著名的威斯敏斯特大教堂和约克大教堂正是根据该种建筑形式重修的。政治、社会形态也在发展，如宪法史上极具影响力的《大宪章》便是约翰国王签署的，英格兰议会、模范议会源于该朝。这一时期还建立了专门的教育机构，包括牛津大学和剑桥大学。（译注）

修士会的财富和影响力，也很难想象"解散修道院"[1]（1536—1541）前遍布伦敦街头的众多大大小小的男女修道院的规模。

不过，光凭修士会的教堂建筑，我们也能想象这些巨大的、自给自足的团体的规模。例如，黑衣修士会（因修士在白色长袍上穿黑色斗篷或披肩而得名）的教堂长220英尺，白衣修士会的教堂长260英尺，奥古斯丁会的教堂长265英尺，灰衣修士会的教堂长近300英尺。比较而言，现在的圣保罗大教堂的中殿只有223英尺长。[2]

然而，现在除了一些街道名称和零星的残垣断壁外，这些修道院几乎什么都没留下。当时，奉亨利八世的旨意，大部分修道院建筑被洗劫一空或被出售，仅少数建筑因有其他用途而幸存下来，后来要么葬身于伦敦大火，要么在火灾之后被拆除。

让人颇感意外的是，那时的毁坏非常彻底，除了偶尔出土的砖或石制品，修道院残存遗迹寥寥无几。1890年，在黑衣修士会的修道院遗址发现了一个小型石制拱廊，后被搬迁安放在克罗伊登自治市附近的罗彻斯特主教的家中。几年后，更多残存建筑被迁往位于汉普斯德特和卡姆登之间的圣多米尼克修道院。新门街灰衣修士会的建筑一度是仅存的修道院建筑，1553年被赠予基督公学[3]使用，在之后350年间仍保存完好，但随着学生们于1902年被迁往萨塞克斯郡上学，为了给邮政总局让路，这些建筑也被拆毁。

所有这一切意味着，一个位于舰队街附近小巷里的普普通通的小地下室，是如今唯一幸存下来的真实可见的修道院建筑。它最初可能是白衣修士会修道院的一个无关紧要的小的组成部分。白衣修士会信徒属于加尔默罗会[4]（加尔默罗街就在这座修道院附近）。加尔默罗会

---

① 解散修道院（Dissolution of Monasteries）：是1536—1541年英国的一系列法令和行政命令。依据这些法令，亨利八世解散了英格兰、威尔士和爱尔兰的各种修道院，剥夺了修道院的财产，大部分修道院建筑被变卖后充作军费。（译注）

② 天主教四大托体修会（Mendicant Orders）：分别为方济各会（Franciscan Order，灰衣修士）、多米尼克会（Dominican Order，黑衣修士）、加尔默罗会（Carmelite Order，白衣修士）与奥古斯丁会（Augustinian Order）。（译注）

③ 基督公学（Christ's Hospital）：是英国的一所著名的传统公学，由英王爱德华六世于1552年创立于伦敦，于1902年搬迁到西萨塞克斯郡霍舍姆以南的郊外。（译注）

④ 加尔默罗会：12世纪中叶由意大利人贝托尔德创建于巴勒斯坦的加尔默罗山。（译注）

会士被撒拉逊人驱逐出"圣地"①后，于1241年来到了伦敦。

早期的白衣修士会僧侣受到伦敦民众的欢迎，很快吸引了许多富有的资助人，包括"冈特的约翰"。白衣修士会修道院占据的区域从舰队街延伸到泰晤士河，从现白衣修士街一直到圣殿教堂。在"解散修道院"之后，修道院的大部分建筑都年久失修，变成作坊或普通民居。教堂小地下室被用作储煤的地窖，就此在这个世界上销声匿迹。

修道院的餐厅（或者叫大厅），最终被改造成一个剧场。当时有一个名叫"女王狂欢节中的孩子们"的公司常在此演出戏剧，本·琼森②就是为这个公司创作剧本的主要作家之一。不过，到1630年，修道院原址地面上已经没有任何建筑物，若不是在19世纪末偶然发现回廊的一段路面，白衣修士会修道院的故事很可能会就此打住。

在白衣修士修道院院址重建期间，研究人员展开了进一步研究，发现那个位于布里顿法院一所破败房屋下面的煤窖，其历史实际上比原来设想的要早数百年。这个煤窖随后被采取措施保护起来，后来随着该区域的进一步开发建设，位置被迫移动了几码，如今被陈列在紧邻喜鹊巷的一个律师事务所地下室中，周围安装了防护玻璃。

想要进入地窖，或者绕着它走一圈，都是不可能的。里面太黑，从外面往里看的话，什么也看不到。它在20世纪20年代曾得到了精心修复，目前被稳稳安放在搬迁时砌筑的混凝土基座上，再也没有被损毁之虞。

# 28. 温彻斯特府

## 萨瑟克区，叮当街，SE1

高耸的温彻斯特府残存建筑位于塔桥附近，定可跻身于伦敦最令人称

---

① 这里的"圣地"指巴勒斯坦。（译注）
② 本·琼森（Ben Jonson，约1572—1637）：英格兰文艺复兴时期的剧作家、评论家、诗人和演员，作品以讽刺剧见长。（译注）

奇的幸存建筑之列。残存建筑为温彻斯特府中世纪大厅的一部分，完整保留了考究的巨大玫瑰色窗户。人们曾经以为大厅已无迹可寻，但其却于 1814 年的一场仓库失火中被意外发现。

温彻斯特府始建于诺曼时期。根据最早写托马斯·贝克特传记的作者所述，殉道者贝克特在坎特伯雷被谋杀前，就是在这座府邸里度过了最后一个晚上。此后，直到 17 世纪中叶，它一直都被使用，后来还曾作过监狱。根据现在的了解，这个面积巨大的大厅是 14 世纪新建的，竣工时温彻斯特主教的势力在英国仍如日中天。

温彻斯特主教们在英格兰南部拥有许多城堡和庄园，经常宴请英国和欧洲大陆皇室贵胄。至于温彻斯特府大厅的规模和华丽程度，从"苏格兰的詹姆斯一世"①1424 年挑选此处举行婚宴就可窥见一斑。大厅长 80 多英尺，宽 40 多英尺，可能也是亨利八世与他的第五任妻子凯瑟琳·霍华德②初遇的地方。

温彻斯特府在共和制时期③被没收，到王政复辟④期间返还时已惨遭损毁，有关部门遂决定开发温彻斯特府区域。后来，温彻斯特府区域由于经办博彩、赌博和妓院而变得臭名昭著，这让温彻斯特主教们感到很尴尬，因为该区域属于萨瑟克，当时仍在他们的管辖范围内，而不属于伦敦城管辖。这一时期，萨瑟克一带的泰晤士河沿岸新建了许多仓库，今天我们能看到的温彻斯特府的许多房间就曾被用作仓库。

---

① 詹姆斯一世（James I，1394—1437）：称为"苏格兰的詹姆斯一世"，苏格兰斯图亚特王朝第一任真正意义上的君主、诗人，罗伯特三世之子，1406—1437 年在位。（译注）

② 凯瑟琳·霍华德（Catherine Howard，1520—1542）：1540 年与亨利八世结婚，1541 年被控与迪勒姆和卡尔佩珀通奸遭到逮捕。迪勒姆与卡尔佩珀被处死，头颅悬挂在伦敦桥上，而凯瑟琳则于次年在伦敦塔被处死。（译注）

③ 共和制时期：资产阶级革命后，英格兰于 1649 年废除君主制度，建立共和制，由克伦威尔执政。克伦威尔死后，英格兰斯图亚特王朝于 1660 年复辟，共和制结束。（译注）

④ 王政复辟：1658 年克伦威尔去世，他的儿子理查德继任护国公，政权立即开始瓦解。克伦威尔的一位将军乔治·蒙克占领伦敦，安排新的议会选举。1660 年选出的议会要求上一任国王的儿子、长期流亡法国的查理回国继位为查理二世，从而解决了危机。（译注）

　　1814 年，温彻斯特府的一间仓库被租给了一家生产芥末的公司。那年夏天，一场大火从这间仓库引发，当时正赶上河流的低潮期，这使得"消防船"的水管很难够到熊熊火焰。大火持续了数小时，府邸损失惨重。火势受到控制后，露出了古老大厅的南墙、西山墙的末段和壮丽的 13 英尺宽玫瑰色窗户。

# 第五章
## 都铎王朝时期的伦敦

从 1485 年都铎继位开始,伦敦和威斯敏斯特两座城市经历了一个不可思议的发展期,但瘟疫和大火却顷刻间阻断了这两座城市的迅速扩张。在都铎王朝建立后的一个多世纪里,伦敦人口增长了四倍（1600 年人口达 20 多万），英格兰在全球贸易中占有举足轻重的地位,修道院旧址在"解散修道院"之后得到了重新开发,这一切开启了伦敦向今天的世界性都市蜕变的过程。

这个大都市的发展如此之快,以至于伦敦人对小时候司空见惯的绿地的消失怨声载道。日记作家约翰·伊夫林①并不是唯一一位在有生之年看到伦敦人口翻倍的人。

伦敦最明显的变化或许是它最终突破了古罗马时期和中世纪城墙的限制,使伦敦的向外扩张变成了一个不可逆转的事实。这次扩张并非出于精心规划,也没有做到井然有序,而是时断时续地进行着。城墙外,远离了修道院钟声,彼此孤立的居民点经过扩张之后,最终彼此连接或相互融合。亨利八世对修道院的破坏加速了伦敦的扩张。它解放了更多的土地,回收了大量实用建筑材料。贪婪的君主把废弃的修道院建筑恩赐或出售给了贵族和其他一些人,所以"解散修道院"也在这些人当中催生了一个地产开发商群体。

---

① 约翰·伊夫林（John Evelyn, 1620—1706）：英国作家,英国皇家学会的创始人之一。（译注）

# 29. 亨利七世礼拜堂

威斯敏斯特大教堂，AW1

若要举例说明这一时期的财富、权力和文化成就，亨利·都铎在威斯敏斯特大教堂新建的礼拜堂，凭借其美轮美奂的扇形穹顶和精雕细琢的窗饰，被称作都铎王朝时期伦敦最重要的单一建筑成就。

一扇金碧辉煌的黄铜门和一段石阶将礼拜堂与大教堂的主体分开。如果不是存心忽略，不难看出礼拜堂是在毫无顾忌地展示都铎王朝王位继承权的合法性。金雀花王朝垮台，都铎王朝初立，亨利总想为他的王朝建造一个新王室陵墓礼拜堂，而在威斯敏斯特大教堂建礼拜堂确立了他在英国王室和民众中最具象征意义的地位。

不过，礼拜堂也显示了宗教的虔诚。一方面，礼拜堂是纪念亨利六世（亨利七世希望把他封圣）的圣殿；另一方面，它也完全迎合了当时将纪念圣母玛利亚的圣母堂神圣化的时尚。不过，建造这个礼拜堂时尚无英格兰的圣亨利这一说法，礼拜堂建造者亨利七世是在其去世很久之后才被封圣的。亨利七世和他的妻子最终占据了礼拜堂中央的坟墓，在其后几十年，这个礼拜堂埋葬了许多王室成员。

礼拜堂建筑结构复杂，工艺精良，内部装饰耗时多年。1509 年亨利七世驾崩时，内部装饰还远没有完成，这一任务就落到了他儿子的身上。但因形势发生了离奇的变化，亨利八世获得一个无可非议的声誉——大型重要宗教建筑的摧毁者，而不是创造者。不过，话说回来，亨利八世的父亲亨利七世的确是修建礼拜堂的出资人。他在世时为这项工程留出了 1.4 万英镑资金，又在遗嘱中为它分配了 7000 英镑。这些钱至少相当于今天的 1.2 亿英镑。当然，时隔久远，这么计算很有问题，也不可靠。

后来有一种说法，亨利七世去世后比在世时的待遇更好。看看这段时期的其他建筑物，就会知道此言不假，不论从哪个方面讲，这个礼拜堂都是一个杰出的建筑。这个说法还有另外一种理解，即只有具有最纯正王室血统的人才能享受埋葬在他身旁的荣耀。王政复辟期间，大多数没有王室血统的人都被挖出来悄然另葬他处。

王政复辟时期，遗体迁葬是以一种温和的方式进行的，然而对待受人鄙夷的奥利弗·克伦威尔①却是一个意料之中的例外。克伦威尔生前曾出于好奇，仿效詹姆斯一世的葬礼为自己举行葬礼，还决定死后要葬在礼拜堂内詹姆斯一世②的旁边。1661 年，克伦威尔被粗暴掘尸，与其他几个弑君者一起被枭首。在此后的 25 年里，他的头颅一直被悬挂在威斯敏斯特大厅外的一根杆子上示众，成为这个历史性建筑入口处展出的遗物，令人毛骨悚然。

# 30. 富勒姆府

## 主教大道，SW6

富勒姆府与其说是府邸，不如说是个领主庄园。这个建于 1510 年左右的建筑群是大伦敦境内散布的几座美丽的都铎时期乡村宅邸之一。其他乡村宅邸还包括巴尔金的"东伯里"、贝克里斯黑斯的"霍尔庄园"和埃尔瑟姆的"都铎谷仓式庄园"。都铎谷仓式庄园实际上是带有护城河的"威尔庄园"的幸存部分，四次出任伦敦市市长的约翰·普尔特尼爵士曾以此为家。

每个乡村宅邸都使用了都铎王朝时期漂亮柔和的砖块砌筑，这给人留下最为深刻的印象，至少从外观上来看，富勒姆府也不例外，但它的内饰大部分都是乔治时代③风格。富勒姆府的历史渊源其实

---

① 奥利弗·克伦威尔（Oliver Cromwell，1599—1658）：英国资产阶级革命中资产阶级新贵族集团的代表人物、独立派的首领。1649 年，他处死国王查理一世，宣布英国为共和国，成为实际军事独裁者。1653 年，他驱散议会，自任"护国主"，建立了护国公体制。（译注）

② 詹姆斯一世（James I，1566—1625）：1603 年英格兰女王伊丽莎白一世去世后继承了英格兰王位，称为"英格兰的詹姆斯一世"，同时也是苏格兰国王詹姆斯六世。（译注）

③ 乔治时代（Georgian Era）：指英国乔治一世至乔治四世在位时间（1714—1830）。其中 1811—1820 年又称为摄政时期。该时期下启维多利亚时代。（译注）

要早得多。据记载，这座府邸一直归历任富勒姆主教所有，已有
1300 多年历史。从 18 世纪到 1975 年，它一直是富勒姆主教的主
要住所。

17 世纪末的富勒姆主教亨利·康普顿非常热衷于美化府邸内的
30 多亩花园。花园内进口了几种稀有树种，许多树木现在仍然存在。
康普顿"进口"的另一样东西是荷兰国王——"奥兰治的威廉亲王"①。
为了推动"光荣革命"，康普顿邀请威廉从天主教徒詹姆斯二世②手中
夺取王位。第二次世界大战期间，富勒姆府内的宅地被重新划分所属
权，受到了轻微损坏。如今这些宅地和府邸一样，每天都向公众免费
开放。

# 31. 圣彼得王室礼拜堂

## 伦敦塔，EC3

伦敦塔历史如此悠久，必然包括了不同时代、多种风格的建筑，而这
座风格独特的小教堂——圣彼得王室礼拜堂，则是伦敦塔院墙内汇集
多种风格于一身的哥特式建筑范例。

圣彼得王室礼拜堂的全称是"带锁链的圣彼得"，这个名称可谓恰如
其分，因为它的宿命就是为众多在相邻的"绿塔"丢掉脑袋的人提供最
后的长眠地。"掉脑袋者"并不都是叛国者，有些只是冒犯了君主，然而
其中最著名的死者却是都铎王朝的几位王后和女王——安妮·博林③、

---

① 奥兰治的威廉亲王：即威廉三世（William III, 1650—1702）。1688 年 11 月，自
由议会邀请威廉三世登陆英国。1689 年 1 月，英国议会宣布国王詹姆斯二世逊位，立他的
女儿玛丽二世和女婿威廉三世为国王，并通过《权利宣言》。4 月，威廉三世与玛丽二世
共同加冕为英国国王，这一事件史称"光荣革命"。（译注）

② 詹姆斯二世（James II, 1633—1701）：英格兰、苏格兰和爱尔兰的国王（1685—
1688 年在位），是最后一位信奉天主教的英国国王。他的臣民不信任他的宗教政策，反对
他的专权，在光荣革命中他被剥夺王位。（译注）

③ 安妮·博林（Anne Boleyn, 1501/1507—1536）：英王亨利八世的第二任王后，女
王伊丽莎白一世的生母，1536 年以通奸罪被斩首。（译注）

凯瑟琳·霍华德和 1553 年即位且即位仅有九天的简·格雷夫人①。死亡者名单中还有格雷夫人的丈夫吉尔福德·杜德利勋爵，三位天主教圣徒——托马斯·莫尔②、约翰·费舍尔③和第二十代阿伦德尔伯爵，以及托马斯·克伦威尔④和诺森伯兰郡、萨默塞特郡及萨福克郡的几位公爵。

　　这些人都曾权势显赫，但在动荡时期，每个人都以这样或那样的方式冒犯了都铎王朝的统治者，从而为此付出了最惨重的代价。19 世纪 40 年代，托马斯·麦考莱为撰写《英国史》参观了这座教堂，视其为"英国最悲伤的地方"。他说："不同于威斯敏斯特大教堂和圣保罗大教堂，在这里，死亡与天才、美德、万民景仰和不朽名声无关；也不同于我们最简陋的教堂和教堂墓地，在这里，死亡与社会以及国家慈善事业中一切最美的东西无关，但死亡却与人性和人类命运中一切最黑暗的东西有关，与从死敌那里获得的血腥胜利有关，与朋友的反复无常、忘恩负义、胆小懦弱有关，与所有因伟名减弱和名望衰败而带来的痛苦有关。"

　　他的话切中肯綮。30 年后，工人在修理礼拜堂地板时，发现下面到处都是被肢解的尸体，许多尸体没有头颅，横躺竖卧在坟墓里，要么被亵渎过，要么被仓促挖出后丢弃。根据当代的一个出版物《伦敦塔圣彼得王室礼拜堂里埋葬的历史人物小传——兼述安妮·博林王后的遗体发现情况》记述，尸体总数多得惊人，达 150 具。

---

　　①　简·格雷夫人（Lady Jane Grey，1537—1554）：1553 年爱德华六世去世，简·格雷被推上了英国国王的宝座，但英国议会很快废黜了她的王位，拥立玛丽一世为女王，简·格雷在位仅仅九日（一说十三日）。1554 年在伦敦塔内被秘密处死。因在位时间太短，一般不被视为国王，史称简·格雷夫人。（译注）

　　②　托马斯·莫尔（Thomas More，1478—1535）：早期空想社会主义学说的创始人，人文主义学者、政治家，以其名著《乌托邦》而名垂史册。1534 年，议院通过《至尊法案》，宣布亨利八世为英国教会的最高首领，全国臣民都要宣誓承认，莫尔拒绝宣誓因而被关进伦敦塔，1535 年被判叛国罪处死。（译注）

　　③　约翰·费舍尔（John Fisher，1469—1535）：英国的罗马天主教主教、红衣主教和殉道者，由于在英国宗教改革中拒绝接受亨利八世成为英格兰宗教首领而被亨利八世处决。（译注）

　　④　托马斯·克伦威尔（Thomas Cromwell，1485—1540）：英国近代社会转型时期杰出的政治家，英王亨利八世的首席国务大臣，曾主持"解散修道院"令的执行。由于受到世袭贵族的仇视和构陷，1540 年被亨利八世判处斩首死刑。（译注）

埋葬在这里的人也不全是囚犯，有时候伦敦塔的一些居民也会被选中葬身于此，不过能识别身份的只有 33 位。在维多利亚女王①坚持下，这些尸体以比较体面的方式被重新有序地埋在了新地板之下。现在，每个星期天教堂里仍然会举行礼拜仪式。150 多年来，在每年 5 月 19 日安妮·博林被处死的周年纪念日上，都会有一束红玫瑰被匿名送入圣彼得王室礼拜堂。

# 32. 汉普顿宫

## 泰晤士河畔里士满，KT8

就建筑方面讲，与汉普顿宫密切相关的主要人物是克里斯托弗·雷恩，但这处原本属于红衣主教托马斯·沃尔西②的豪华滨河地产被认为是文艺复兴时期的宫殿，是早期文艺复兴风格在英格兰繁荣的表现之一。它的建筑年代要比雷恩爵士奉诏为威廉和玛丽效力的时间早得多。

沃尔西对自己的府邸有宏大的建筑设想。我们今天看到的汉普顿宫大部分可能是在沃尔西之后的时代里修建的，但初建时的府邸在设计上要比王室拥有的任何建筑都要大，也更加豪华。正因如此，这位高级神职人员在府邸建成不久后戏剧性垮台，这几乎就是一种必然的结果。

沃尔西的府邸是一座气势非凡的装饰性府邸，没有太大的实用价值。1529 年，亨利八世刚得到这座他从前最喜欢的偌大府邸，就对它

---

① 维多利亚女王（Alexandrina Victoria，1819—1901）：英国女王，在位时间（1837—1901 年）长达 65 年，是英国历史上在位时间第二长的君主，仅次于伊丽莎白二世女王。这一时期是英国最强的"日不落帝国"时期，历史上称为"维多利亚时代"（Victorian Era）。（译注）

② 托马斯·沃尔西（Thomas Wolsey，约 1475—1530）：英国的政治家和红衣主教，英王亨利八世的大法官和主理国务的大臣。他施政的目标是加强封建专制王权，使国家进一步中央集权化。但是他妄自尊大，专横跋扈，他所实行的政策和措施触犯了僧俗统治阶层的利益，最后因不得人心而倒台。（译注）

开始动工扩建。两百年后，约翰·凡布鲁爵士和威廉·肯特[1]爵士等建筑师还在花大力气对它进行扩建。但这座建筑的人们最熟悉的许多部分都建于都铎时期，包括面向泰晤士河的主门，主门后的安妮·博林门，以及很多屋顶装饰性砖砌烟囱。

不过，文艺复兴的影响依然清晰可见，这包括一些赤陶装饰（如描绘罗马帝王的圆形浮雕）和沃尔西喜爱的那种花式繁复的几何图形天花板。回想起来，英国早期对欧洲大陆新型建筑风格的采纳，要比伊尼哥·琼斯[2]他们充分接纳新古典传统早了一个世纪，所以显得还不太成熟。

尽管如此，汉普顿宫绝对不是一个建筑风格上的"死胡同"。对游客来说，在宫殿里从一处走到另一处，就能够看到各种建筑风格的演变，这是一种非常引人入胜的体验。在设计理念上，汉普顿宫也是一座代表从纯防御性到更舒适、更具装饰性设计转变的重要建筑。

伦敦塔或许曾是一个王室宫殿，从法律和实际情况来说，现在仍然是一座王室宫殿，但在它的建筑构想和规划中，第一位的功能是作为防御要塞，第二位的功能才是作为寝宫。在某种程度上，汉普顿宫是都铎王朝自信和稳定的表现。从外面看，它包含了很多传

---

① 廉姆·肯特（William Kent，1685—1748）：唯美主义者、画家、造园师和建筑师，18 世纪后半期风景式庭园进入全盛期的先导者。

② 伊尼哥·琼斯（Inigo Jones，1573—1652）：英国著名建筑大师，将古代罗马建筑和意大利文艺复兴建筑的风格带入了英国。他的代表作有王后宫和考文特花园广场（见本书第六章）。（译注）

统防御性建筑元素，如门楼、有雉堞的塔楼、城垛，甚至还有护城河。这些建筑虽然纯粹用于装饰，但它们传递的信息是明白无误的。汉普顿宫其实缺乏真正的防御能力，除了明确说明宫殿主人拥有的巨大财富和权力之外，实际上还强调，由于威尔士都铎王朝被民众接纳，根基稳固，君主无须躲藏在城堡中，也无须在自己和臣民之间设置屏障。

# 33. 圣詹姆斯宫

## 圣詹姆斯区，马尔伯勒路，SW1

沃尔西的汉普顿宫在其他方面也极具影响力。除了展示砖块的多功能性和艺术性要比石头优越之外，它还为伦敦及外围许多建筑提供了类似风格的设计灵感。伦敦附近的许多建筑都是由亨利八世建造的，其中包括白厅宫、布赖德韦尔宫、普拉森舍宫和无双宫。"解散修道院"后突然出现的大量土地和建筑材料引发了一轮建筑热潮，首都周边总共建成了十几个建筑，如今有些建筑仅剩些许残迹，有些连残迹也荡然无存。

不过，圣詹姆斯宫显然是个例外。它的建筑并非全部建于都铎王朝时期，但它的许多最著名、最引人注目的建筑物，比如门楼上的八角塔，就建于这一时期。八角塔顶部为一项王冠，上面亨利八世的王室徽号 HR 仍清晰可见。八角塔自 1540 年开始就阻挡了观看圣詹姆斯街的视野。

圣詹姆斯宫建在原麻风病医院旧址上，最初作为亨利的狩猎小屋。白厅宫毁于火灾后，他被迫搬入圣詹姆斯宫，这座宫殿自此以后成了伦敦和英格兰历史上许多重要时刻的背景地。三百多年来，圣詹姆斯宫一直是历代英国君主的主要寝宫，只有维多利亚女王是个例外，她于 1837 年登基后搬入了白金汉宫[1]。

---

① 白金汉宫：坐落于威斯敏斯特，是英国君主位于伦敦的主要寝宫及办公处，国家庆典和王室欢迎礼举行场地之一，也是一处重要的旅游景点。（译注）

自此以后，君主们纷纷效仿维多利亚女王住在白金汉宫，不过外国大使仍然被派驻圣詹姆斯宫。久而久之，圣詹姆斯宫的规模得到了大幅扩张，以满足日益增长的行政需求。吸引眼球的建筑主要集中在四个内院——大使院、色彩院、引擎院和修会院。国宾楼内保留着更多都铎王朝时期的遗存，其中包括亨利和安妮·博林的首字母缩写HA，被置于传统的恋人结里，镌刻在两个壁炉上。

安妮女王①加冕礼后的那个夜晚是在圣詹姆斯宫度过的。1536年，亨利八世的私生子亨利·菲茨罗伊在这里去世，亨利八世曾考虑过让这位少年做王位继承人。1558年，他的女儿玛丽女王②在圣詹姆斯宫居住时，曾签署了加莱③的投降书。她的同父异母妹妹伊丽莎白女王，在打败西班牙"无敌舰队"前，从这里动身去前线向士兵们发表了一个著名演说。四位君主——查理二世④、詹姆斯二世、玛丽二世和安妮，曾在圣詹姆斯宫的王室礼拜堂接受洗礼。摄政王⑤拒绝居住在这里，而他的八个兄弟中有四个曾住在这里。他在蓓尔美尔街另一端建造了短命的卡尔顿府邸，差点弄垮整个国家。

受人民拥戴的"水手国王"威廉四世是居住在圣詹姆斯宫的最后一位君主。此后圣詹姆斯宫仍继续作为伦敦王室生活的核心。1840年，维多利亚女王在圣詹姆斯宫的王室礼拜堂与她所爱的人阿尔伯特成婚，此时恰逢那个都铎时期的门楼建成三百年。现在，许多重要的宫廷事务仍然会经常在这里举行，而不是白金汉宫。

---

① 安妮女王（Anne of Great Britain，1665—1714）：大不列颠王国女王、爱尔兰女王，1702—1714年在位，是英国斯图亚特王朝最后一个国王。（译注）

② 玛丽女王：即玛丽一世（Mary I），英格兰和爱尔兰女王（1553—1558年在位），都铎王朝的第四任君主，极其虔诚的天主教徒。她的主要事迹是曾努力把英国从新教恢复到罗马天主教（1555）。为此，她曾处决了近300名反对者，因而被称为"血腥玛丽"。（译注）

③ 加莱：法国北部城市，曾为英格兰所有。1558年，法军攻陷加莱，英格兰失去在欧洲大陆最后一个城市。（译注）

④ 查理二世（Charles II，1630—1685）：查理一世之子，在查理一世被克伦威尔处死后，被迫流亡外国，于1660年回到伦敦即位，1661年正式加冕为不列颠国王。（译注）

⑤ 摄政王：指乔治二世（George II，1727—1760年在位），即位前曾任"摄政王"。（译注）

# 34. 圣海伦修女院

## 伦敦城，主教门，EC3

作为伦敦唯一逃脱亨利八世拆除令而罕见幸存下来的修女院，圣海伦修女院也会让我们想起都铎时期的另一种力量。它既不是王室的力量，也不是宗教的力量，而是这一时期伦敦发展起来的商业驱动力。它奠定了现代伦敦的城市基础，也为英国成为世界史上最庞大的帝国铺平了道路。

修女院原址最早是罗马皇帝康斯坦丁为其母建造的教堂，这之前有可能是一座罗马神庙或异教神庙，不过，没有证据能证明教堂是由康斯坦丁于 4 世纪皈依基督教后建造的。圣海伦修女院建立的时间则晚了很多，是 13 世纪初由本笃会建立的。后来，教堂修建了第二个功能相同的中殿，这样，教区居民和修女们既可以同时做礼拜，又可以相互分开。

值得注意的是，教堂早期建筑设计中包括一个修女可以观察弥撒的斜孔小窗，但对于大多数游客来说，教堂最令人愉悦之处就在于大量纪念墓碑的存在。许多保存最好的墓碑都造于都铎王朝时期，在数量上要远远多于伦敦其他任何教区教堂的墓碑。大量墓碑为圣海伦修女院赢得了"伦敦城的威斯敏斯特大教堂"的美誉。

这么多墓碑幸存下来的原因仍然成谜。如此张扬地展示财富与表现自我的墓碑，竟然在宗教改革中得到了完好保存，这显然让人倍感意外，要知道，宗教改革是一个大肆破坏宗教圣像和雕塑的事件。不仅如此，在早期清教徒自认为是净化心灵的狂热宗教运动中，圣海伦修女院的墓碑居然再次躲过了厄运，这同样让人觉得非同寻常。

墓碑得以幸存，我们也因此在知识上获益。可以看到，许多墓碑是为纪念伦敦市政要而立，其中就包括约翰·克罗斯比爵士（1430—1476）。根据 16 世纪的描述，他在主教门的"克罗斯比府""规模庞大，非常漂亮，是伦敦当时最高的建筑"。这座府邸于 1908 年被一块砖一块砖地搬到切尔西后进行了重建，至今仍然是首都两三个最大的私人宅邸之一。除了克罗斯比爵士外，伦敦交易所创始人托马斯·格雷沙姆爵士于 1579 年被埋葬于此。1609 年，富商约翰·斯宾塞爵士也加入了埋葬在此的死者之列。

约翰·斯宾塞，外号"富人"斯宾塞，曾任伦敦市市长，居住在主教门。据说他去世时有 80 万英镑身价，在世时曾被迫忍受女儿与一个年轻的同龄人私奔之耻。女儿在私奔后曾写给父亲一封信，此信得以保留至今。在信中，她要求父亲为她支付"2200 英镑年金，同样数目的私房钱，1 万英镑首饰钱，此外还要支付债务，以及用于马匹、教练和女仆的费用"。据说这个名叫伊丽莎白的女儿私奔时，被藏在一个面包篮里偷偷带出了斯宾塞家，为此斯宾塞拒绝为女儿支付超过六便士的钱，打发一个面包房伙计，至多也就支付六便士。

斯宾塞的纪念墓碑背靠修女院中殿南墙，有天蓬遮盖，以都铎风格装饰，面积较大，色彩艳丽，非常引人注目。纪念墓碑的组成部分包括一个镶边祭坛式石墓，约翰爵士和妻子卧于其上。约翰爵士内穿盔甲，外穿长斗篷，衣领处戴着飞边。女儿跪在他们脚下，正在做祈祷。经过装饰的石墓两边各有一个大方尖塔，立于镶边底座之上，顶部为球形。丰富多样的雕饰、两块碑刻和大量纹章装饰都让人强烈感受到对宗教的专注和虔诚。

纪念碑似乎在宣告，此处安葬着一位慷慨资助修道院的富人，他乐于让全世界的人都了解这个都铎王朝城市的财富和辉煌，也了解像他一样缔造这座城市的商业领袖们的富有和成就。

# 35. 铁　钉

## 伦敦桥，SE1

似乎很少会有人注意到伦敦最著名、最引人注目的奇景之一——伦敦桥上的大铁钉。它能唤起伦敦特别骇人的历史记忆，因此颇受游客青睐。铁钉虽然是完全现代的东西，但它曾经是伦敦桥南端的标志。

三百多年来，那些铁钉一直是用来悬挂叛国者和其他人的头颅示众的地方。

伦敦桥上悬挂人头这个残酷却很流行的做法并不是都铎王朝的发明。梅尔·吉布森[①]的影片《勇敢的心》中扬名世界的威廉·华莱士，是一位在英格兰臭名昭著的苏格兰反叛者。1305 年，为了防腐，华莱士的头颅在经过水煮和沥青浸泡后被悬于伦敦桥的大铁钉上示众。许多最著名的死者都是冒犯了都铎王朝当权者的人，其中就有 1535 年被处死的托马斯·莫尔和费舍尔主教，还有 1540 年被处死的托马斯·克伦威尔。两年后，两颗新头颅——弗兰西斯·迪勒姆和托马斯·卡尔佩珀的头颅——加入了被示众的头颅当中。这两人可能都是凯瑟琳·霍华德王后的情人。当凯瑟琳乘驳船从伦敦桥下经过去伦敦塔刑场途中，她或许看到了桥上悬挂的两位情人的头颅。

1598 年，德国游客保罗·亨茨纳来到这座城市，数了一下挂在桥上的头颅，发现竟有 30 多颗还挂在那里。示众的头颅最后腐烂掉落，大部分被扔进了泰晤士河。悬首示众传统一直到王政复辟时期才终止。

# 36. 查特豪斯修道院

## 史密斯菲尔德区，EC1

我们在第四章看到，沃尔特·德·曼尼爵士赠给伦敦城 13 英亩土地，用作黑死病期间的坟场。疫情消退后，此处举行葬礼的小教堂就被较大的加尔都西教会修道院取代。最初，只有少数僧侣被安置在这个正式名称为"圣母玛利亚的致敬所"的地方，到都铎王朝时期，它已经得到大规模扩建，简称为查特豪斯修道院。

遗憾的是，修道院的规模和地位都不足以保护其院长。1535 年，他是因谋逆和企图剥夺亨利八世教会最高领袖地位的罪名被

---

① 梅尔·吉布森（Mel Gibson）：好莱坞演员、制片人和导演。导演代表作包括曾获奥斯卡奖的《勇敢的心》（1995）和《血战钢锯岭》（2016）。（译注）

托马斯·克伦威尔送入伦敦塔的神职人员之一。同年五月，他们被绞死并分尸，其中一人被斩断的手臂被钉在查特豪斯修道院的主门廊上。随后处决了更多的人，九名僧侣被锁在新门监狱的墙上活活饿死。

修道院在两年内被上交给国王，后来被赐予一个接一个的富人和贵族。他们花费巨资将修道院建筑整修、扩建为宽敞舒适的都铎豪宅。不久，因为足够宽敞，伊丽莎白女王在加冕前就在这座豪宅里受到了款待，后来詹姆斯一世也曾光临。1561 年，伊丽莎白女王再次驻跸于此，这一次招待她和随从的花销几乎让豪宅主人破产，被迫退休回到乡村养老。

17 世纪初，这处明显不合时宜的地产被公认为"英国最富有的普通人"托马斯·萨顿收购。他在此处为 44 名贫困男童建立了一所学校，还为 80 位贫穷绅士建了一所医院。这所学校最终于 1872 年被迁到了萨里郡，至今还叫作查特豪斯公学，但领取养老金的那些贫穷绅士仍然留在伦敦。医院旧址在 1941 年遭受严重轰炸，大部分地方让给了圣巴塞洛缪医院附属医学院。

萨顿所建的医院叫萨顿医院，现在实际上是一个敬老院，偶尔才向公众开放。敬老院入口大门朝向查特豪斯广场。敬老院建筑由都铎时期的砖与中世纪的石料相结合而建成，两种材料虽年代相差甚远，但看起来非常和谐。即使经历过拆毁和用途变更，通过这些建筑材料，我们依然有可能看出最初的修道院建筑是如何被改造成贵族府邸的。

敬老院的居民大多是退役军人，称作"兄弟"，他们中许多人直到现在还按照最初的军人划分标准被归类为"海上或陆上的老弱船长（上尉）"或"伤残或衰弱士兵"。对他们来说，古老的查特豪斯仍在为他们提供一个远离现代世界的美好避难所。像在他们之前来到查特豪斯修道院的修道院僧侣一样，每个居民都有一个俯瞰中央庭院的私人小房间。他们还得到承诺，说会得到"一个完善的图书馆、一个饱足的胃，以及享用图书和美食的和平与宁静"。

# 37. 戈尔登·汗德号

萨瑟克区，圣玛丽·奥弗莉码头，SE1

《末日审判书》将塔桥以东的小水湾描述为"船只停泊的感潮河段①"，弗朗西斯·德雷克②爵士的船戈尔登·汗德号就停泊在这里。这艘船曾于 1577 年和另外 5 艘船组成小船队，取道麦哲伦海峡③绕南美洲航行，以此来避开合恩角④一带的危险水域。

这次航行取得了巨大成功，大约有半数船员在航行中幸存，他们得到特许，可以抢劫沿途遇到的任何西班牙商船，归来后受到了英雄般的欢迎。他们获得的财富超乎想象，有些记述中说，连船上侍者也分到了大量财物，变得像今天的百万富翁那样富有。伊丽莎白女王得到的财物之多，足以让她还清所有债务。

现在停泊在萨瑟克区的戈尔登·汗德号其实只是一个仿造品。德雷克爵士的那艘船曾作为德特福德的公众景点存在了一百多年，其存在期间大受民众欢迎，但最终腐烂解体。1973 年，有人在德文郡使用传统方法仿造了这样一艘船，完全可以正常航行。仿造船曾做过一次完整的环球航行（1979—1980），迄今为止，它已经航行了 15 万多英里，超过了德雷克乘坐自己的船进行环球航行的距离。

仿造船是完全按照戈尔登·汗德号原船尺寸建造的。原船尺寸非常之小，这是它给人留下的最为深刻的印象。它的吃水线部分长仅 75 英尺，宽仅 20 多英尺。令人难以置信的是，如此小的船竟然可以大肆掠夺西班牙人。在这种财富获取方式的启发下，英国成

---

① 感潮河段：河口至潮区界的河段为感潮河段，就是流量及水位受潮汐影响的河段。（译注）

② 弗朗西斯·德雷克（Francis Drake，1540—1596）：航海家，曾率船队环球航行，后来协助英国海军击败了西班牙"无敌舰队"。（译注）

③ 麦哲伦海峡：位于南美洲大陆最南端，由火地岛等岛屿围合而成。麦哲伦海峡是南大西洋与南太平洋之间最重要的天然航道，但由于长期恶劣的天气，加上海峡狭窄，所以船只很难航行。（译注）

④ 合恩角：是智利南部合恩岛上的陡峭岬角，也是太平洋与大西洋分界线。（译注）

了实力超群的海上力量，伦敦也由此处于这个真正的世界性帝国的中心。

# 38. 斯泰普尔①律师学院

## 高霍尔本街，WC1

斯泰普尔律师学院是伦敦最好、最大的半露木结构建筑，其历史可追溯到 1585 年。虽然很多部分经历了重建，但它规整的山墙和装饰精致的小开窗，还能让现代游客对 16 世纪末期的伦敦街景留下美好的印象。

从其名称和方位或许可以看出，它是古代法律教育机构——英国的律师学院之一。古代法律教育机构数量众多，现在减少到只有四个：林肯律师学院、格雷律师学院、中殿律师学院和内殿律师学院。斯泰普尔律师学院始建于 1378 年，当时作为羊毛制品的称重地和仓储地，因此而得名，这里也是商人进行贵重商品交易的重要集会地。1529 年

---

① 斯泰普尔：英文为 staple，意为"羊毛"。（译注）

前，斯泰普尔律师学院被更大的格雷律师学院兼并，造型华美的门面背后的房间最终被改造为商店和办公室。

多年来，斯泰普尔律师学院几经易主，接纳了五花八门的租户。对它的改造远比人们想象得彻底，维修次数之多，也出乎人们意料。1944 年的一次敌方行动致使它遭到严重破坏，当时一只 V-1 型"嗡嗡弹"落在学院附近的地面上。除了门面，其他部分几乎被完全重建，直到 20 世纪 50 年代中期才完工。

幸好，它只是像微醉一般略微向前倾斜，而从街道上看，它或许如同上浆熨烫过度一般僵硬呆板。就是由于这个原因，再加上它略显复杂的历史，一些人认为它风格驳杂而忽视它的价值。另一种观点认为，其现存建筑规模和 16 世纪纯粹的伦敦建筑差不多，就这点而言，它能唤起美妙的记忆，让人想起各条街道被伦敦大火和其他灾难彻底毁灭之前的面貌。

# 第六章

## 斯图亚特王朝①时期的伦敦

**斯**图亚特王朝是一个剧烈动荡和命运多舛的王朝。这一时期伦敦的故事以挫败刺杀英王詹姆斯一世的火药阴谋②开局，以对查理一世的合法但不公正的死刑判决而展开，继之以查理二世的成功复辟，最后以安妮女王未能诞下王室继承人这一旷日持久的悲剧告终。

这一时期，人们因为瘟疫和伦敦大火而遭受了罕见的创伤，但封冻的泰晤士河上的冰上游乐会和伦敦面貌的巨变仍然给伦敦带来了欢声笑语，这对社会生活造成的影响至今仍然清晰可见。随着从欧洲大陆引入新的建筑风格，贵族地主们纷纷开始在伦敦和威斯敏斯特二城之间开发田地，改变首都面貌，推动首都继续扩张。

## 39. 亨利王子的房间

舰队街，EC4

在斯图亚特王朝时期，伦敦和威斯敏斯特两座城市发生了翻天覆地的变化，城市面貌日新月异。在这种背景下，人们总把亨利王子的

---

① 斯图亚特王朝（the House of Stuart）：是 1371—1714 年统治苏格兰及 1603—1714 年统治英格兰和爱尔兰的王朝。（译注）

② 火药阴谋：发生于 1605 年，一群亡命的英格兰乡下天主教徒试图炸掉英国国会大厦，并杀害正在其中参加国会开幕典礼的詹姆斯一世和他的家人及大部分新教贵族，但计划并未成功。（译注）

房间——中殿律师学院的门楼——误认为都铎式建筑，其实，它是具有 17 世纪詹姆斯一世时期风格的建筑，建于 1610 年左右。多年来，它曾经是一个小酒馆，刚开始冠名为"王子的徽章"①，后来叫作"泉水"，之后变身为蜡像馆。它幸存于伦敦大火，是伦敦中心区域仅存的木质结构房屋。

关于这座房屋的所有权，相关的记载非常丰富。从 17 世纪 70 年代到 20 世纪初，它一直为同一个家族所有。不过，久而久之，许多误导性说法层出不穷，混淆了历史事实。例如，1900 年，伦敦郡议会对其修复之前，房屋正面的牌匾就将其误称为"亨利八世和红衣主教沃尔西宫"。它也曾被称为康沃尔公爵领地的"会议室"，显然，这缘于二楼富丽堂皇的石膏天花板上所雕刻的威尔士亲王的三根羽毛徽章。

要想在一个小酒馆找到如此华美的天花板几何图案确实不易，但实际上，这所房屋既不是"亨利八世和红衣主教沃尔西宫"，也不是康沃尔公爵的"会议室"。这个天花板堪称英国天花板中的最佳典范之一，制作工艺精良，图案造型复杂，呈锁链状，以色彩绚丽的树叶作为纹饰，上面还有亨利王子的首字母缩写 P. H.，所以很容易推断它与王室之间存在某种联系。不过，对于这个异常华美的天花板装饰还有另一种解释，即它是在中殿律师学院门楼重建之年，为庆祝詹姆斯一世的儿子亨利王子（1594—1612）受封威尔士亲王而专门制作的。亨利王子罹患伤寒，不幸英年早逝，其弟查理一世继承了王位。

# 40. 王后宫

格林尼治公园，SE10

如果说亨利王子的房间是旧建筑风格的尾声，那么格林尼治公园的王后宫则是新建筑风格的先声。著名建筑师伊尼哥·琼斯于 1616 年奉

---

① 英国酒馆常用"徽章"（arms）作名称。（译注）

令在一处皇家公园为詹姆斯一世的新娘安妮建造新宫，他借此机会为英格兰引入了严谨的古典主义建筑①形式。此后，直到大约二百年后哥特式建筑的复兴，伦敦的建筑风格几乎没有走过回头路。

据说，来自丹麦的安妮王后不小心射杀了詹姆斯一世的爱犬，受到了詹姆斯一世的责骂，他事后又倍感歉意，王后宫就是为了向安妮王后表达歉意而建造的。安妮享年仅 29 岁，在世时未能看到它的竣工。宫殿传给了她的法国儿媳亨利埃塔·玛丽亚。就在这一时期，琼斯完成了宫殿的修建。王后宫呈现为当时最新流行的帕拉第奥式建筑②风格，琼斯后来把它描述为"坚固、阳刚且自然"的建筑。

今天，王后宫代表着伦敦最杰出的建筑风格，也是世界上最美的建筑之一。从道格斯岛观看王后宫，首先映入眼帘的是外围由著名建筑师雷恩设计的皇家海军安置所③，沿中轴线呈对称状，和位于其后偏离中轴线的皇家天文台形成绝佳的对比。在皇家海军安置所和天文台的映衬下，纯白色的王后宫给人一种无与伦比的美感。可以想象，在 17 世纪充斥着垃圾、烟灰和黑色砖砌建筑的伦敦，它的出现一定给人们带来了太空飞船登陆火星般的巨大惊喜。

当时温暖舒适的深色都铎式砖砌建筑仍然是主流，而王后宫吸收了数学中的比例与协调等古典概念，线条规整，开窗设计井然有序，预示着一个全新建筑时代的到来。欣赏都铎式与古典主义这两种截然不同的建筑风格的最佳方式，也许就是沿马尔伯勒路边走边看。都铎式建筑圣詹姆斯宫在一侧，精巧雅致的淡色女王礼拜堂在另一侧。女王礼拜堂的设计同样出自琼斯之手，它的建造标志着建筑革命的真正开始，所以，它至今依然在建筑史上占有极其重要的地位。

---

　　① 古典主义建筑：是指在古希腊建筑和古罗马建筑的基础上发展起来的意大利文艺复兴建筑、巴洛克建筑和古典复兴建筑，其共同特点是采用古典柱式。狭义的古典主义建筑指运用"纯正"的古希腊罗马建筑和意大利文艺复兴建筑样式和古典柱式的建筑，主要是法国古典主义建筑，以及其他地区受其影响的建筑。在宫廷建筑、纪念性建筑和大型公共建筑中居多。（译注）

　　② 帕拉第奥式建筑：一种欧洲风格的建筑，建筑师安德烈亚·帕拉第奥（1508—1580）为此风格的代表。主要理论依据是古罗马和希腊传统建筑的对称思想和价值。（译注）

　　③ 皇家海军安置所：由克里斯托弗·雷恩设计，1669—1672 年建成，最初叫作格林尼治皇家海员安置所，现一般称为格林尼治安置所，于 1869 年关闭，1873—1998 年作为皇家海军安置所学院。（译注）

王后宫不仅看起来非同凡响，它确实有非同凡响之处。实际上，伦敦到肯特郡的公路横穿了王后宫地界，公路上方建造了一个精巧的 H 型桥将王后宫的两部分连接起来，而车辆从桥下穿越。一条通向南边的繁忙公路（现代 A2 号公路）的长达数百码的路段居然在王后宫界内，这种设计颇令人费解。

亨利埃塔·玛丽亚王后称之为"欢乐宫"，不过，并不是每个人都对这种新建筑风格青睐有加。议员们一度征用了这座建筑，王后的珍宝被廉价出售，散落各处。随后，王后宫降格为一个专供圆颅党[①]上层人物举行遗体告别仪式的小教堂，这对一座壮丽的重要建筑来讲，是一件光荣的事，却也是一件非常悲哀的事。

亨利埃塔·玛丽亚在王政复辟期间找回了大部分财产。其后，王后宫被先后传给查理二世和詹姆斯二世的王后以及一些次要的王室成员，渐渐被弃用，不再作为寝宫。玛丽二世意识到了它卓越的建筑品质和历史意义，为了确保可以从王后宫直接看到泰晤士河的景色，拆除了阻挡王后宫视线的皇家海军安置所的部分建筑物，使其相互分离。后来，王后宫相继由皇家海军安置所和皇家安置所学院进行管理。在皇家安置所学院管理时期，王后宫两侧增建了厢房和柱廊来庆祝纳尔逊在特拉法加海战[②]中取得的胜利。如今的王后宫是英格兰国家海事博物馆的组成部分，但它和博物馆主楼并未连成一体。

# 41. 约克府水门

### 堤岸地铁站，WC2

有好几百年时间，在伦敦城通往威斯敏斯特的滨河马路沿线，宏伟壮

---

① 圆颅党：1642—1651 年英国内战时期英国国会中的一个知名党派。圆颅党人为清教徒，皆将头发理短，在样貌上与当时权贵极为不同。因为没有卷发，头颅相较之下显得十分的圆，因此而得名。（译注）

② 特拉法加海战：英国海军史上最大的一次胜利。1805 年 10 月 21 日，英法双方舰队在西班牙特拉法加角外海面相遇，法兰西联合舰队遭受重创，主帅维尔纳夫被俘，英军主帅霍雷肖·纳尔逊海军中将也在战斗中阵亡。法国海军在此役过后一蹶不振，拿破仑被迫放弃进攻英国本土的计划，而英国海上霸主的地位得以巩固。（译注）

丽的府邸鳞次栉比，主人都是英国富甲天下、权倾一时的人物。关于这些府邸的历史记载，最早可以追溯至 1237 年诺维奇主教在此修缮私人码头。最宏伟的府邸是"冈特的约翰"的萨沃伊府①，但它在 1381 年的农民起义②中被焚毁。诺森伯兰公爵府规模宏大，可以俯瞰特拉法加广场，是最后一座幸存府邸，于 1874 年被拆除。这是距离现在最近的历史记载，也许更值得我们注意。

今天，在泰晤士河畔英国皇家植物园对岸的锡恩公园，我们仍可以见到曾立于诺森伯兰公爵府屋顶的那尊巨大的珀西石狮。不过，那一座座壮丽宏伟的公爵和主教府邸，如今只剩下建于 17 世纪 20 年代的华美拱形建筑——约克府水门。那时，对于贵族来说，泰晤士河就是穿行伦敦最干净、最舒适便捷的水路，而约克府水门很可能就是从水路进入约克府正门的。

约克府最初是诺维奇主教的府邸，1556 年被赐予约克大主教，并因此而得名，最终传至乔治·维利耶之手。维利耶是第一代白金汉公爵和朝中大臣，查理一世赐予他大量礼物，因而被称为英格兰历史上

---

①　萨沃伊府：14 世纪英格兰最奢华的贵族府邸，它的主人是英王查理二世的叔叔"冈特的约翰"。1381 年在瓦特·泰勒率领的农民起义中被摧毁。（译注）

②　1381 年的农民起义：指瓦特·泰勒率领的农民起义，这是英格兰历史上最大规模的民众暴动，也是欧洲中世纪后期民变浪潮的组成部分。1381 年 5 月埃塞克斯和肯特的民众揭竿而起，最终演变成进军伦敦的大规模武装起义。（译注）

沐王恩最多的臣民。

1628 年，维利耶遇刺身亡，凶手为一名心怀不满的军官。英国内战①期间，约克府和许多贵族府邸被查抄。王政复辟期间，同名的第二代公爵乔治·维利耶对它进行了修缮，其时它占据从泰晤士河到河岸街之间面积达 7 英亩的地方。他不像他的父亲那样钟爱这座府邸，于 1672 年把它卖给了开发商。开发商拆除了约克府和花园，修建了乔治街、维利耶街、白金汉宫街（曾经还有一条叫"俄乌"的小巷②），以此来铭记约克府之前主人的姓名和头衔。值得庆幸的是，约克府水门得到了保留。

# 42. 考文特花园广场

## 考文特花园区，WC2

考文特花园广场可谓英国历史上城市改造最成功的案例之一。一个老蔬菜水果市场经过华丽变身，最终成为大受欢迎的购物和餐饮目的地，其中的故事说来话长。

考文特花园区的重生始于 20 世纪 70 年代。这一区域的建筑看起来确实都是维多利亚建筑风格，而位于西边的圣保罗教堂③显然是个例外。考文特花园广场其实是伊尼哥·琼斯的又一杰作，他早在 1630 年就完成了设计方案。在伦敦，这大概是围绕一个真正的现代城市广场制定城市规划的首例。

修建考文特花园广场是第四代贝德福德伯爵的初衷。他在圣彼得修道院（即威斯敏斯特大教堂）以前的修女院花园中拥有一些土地，当他注意到很多有钱人逐步从肮脏、拥挤的老城向西迁移，便决定建

---

① 英国内战：1642—1651 年英国议会派（圆颅党人）与保皇派（骑士）之间发生的一系列武装冲突及政治斗争，最终以议会取得胜利而告终。（译注）

② "俄乌"小巷就是现在的约克街。（译注）

③ 此处的圣保罗教堂（St. Paul's Church）不是圣保罗大教堂（St. Paul's Cathedral）。（译注）

设他的先辈们在"解散修道院"时获得的这块地。迫于王室的压力，贝德福德伯爵委托伊尼哥·琼斯进行整体设计，要求设计方案中包括一个中心广场，周围有一座教堂和三排房屋。贝德福德伯爵最初的设想是把这块地建成独具特色的地方。琼斯的设计风格一贯以奢华著称，可是他的客户贝德福德伯爵要求他把教堂设计为简单的谷仓型建筑，当然这也许纯属人们的杜撰。不过，就算有如此要求，建筑师想必已经交出了一份"英格兰最美谷仓"的答卷。

现在我们看到的考文特花园广场教堂外形设计确实很简单，是一种非常大胆的托斯卡纳建筑风格①。琼斯的设计灵感源自欧洲大陆，所以广场以意大利语 piazza（广场）命名。他把一楼设计为带顶棚的购物拱廊，上方为连排房屋，这样就形成了一个美观而自成一体的城市社区。当时，这种风格的建筑在英国尚属首次出现。

修建考文特花园广场的想法虽说很有想象力，而且很独特，但带有一定的冒险性，很快就以失败而告终，因为向西迁徙的新晋富人阶层并未驻足于此。和现在一样，那时经济实力雄厚的人往往会选择威斯敏斯特或更远的地方作为目的地。没过多久，小商小贩们在此非法摆摊设点，花园广场很快便失去了往昔的风采。

1670 年，贝德福德伯爵的后代，即第一代贝德福德公爵，请求查理二世特许在考文特花园广场开设市场。之后发生的事众所皆知，在其后三百多年里，考文特花园广场变成了一个繁荣兴旺的市场。今天我们看到的新古典主义风格建筑大部分是 19 世纪 30 年代所建，一代代贝德福德公爵们一直保留着考文特花园广场的不动产。20 世纪初期，第十一代公爵将其全部变卖，把所得利润全部拿到俄国去投资，却在 1917 年布尔什维克革命中很快损失精光。

20 世纪 60 年代，由于交通拥堵，继续开放老市场显得不合时宜。1974 年，老市场搬迁至沃克斯豪尔的新址，而考文特花园广场的建筑物得到了保留，它们成了古建筑修复后获得新生的典范。我们希望在时机成熟时，对史密斯菲尔德市场的拯救会同样取得成功。

---

① 托斯卡纳建筑风格：又名意式园林风格，源于意大利中西部托斯卡纳地区，是世界四大园林风格之一。（译注）

# 43. 查理一世断头台

## 白厅街①，宴会厅，SW1

昔日白厅宫的幸存建筑宴会厅是伊尼哥·琼斯的又一设计力作。它的天花板上的彩绘出自鲁本斯②之手，堪称美妙绝伦。它闻名于世也许是因为这里曾是谋杀查理一世的现场，或者说是处决查理一世的刑场，人们众说纷纭。1649 年 1 月 30 日这天，已获死刑的君主从宴会厅一楼打开的窗户走出，踏上了断头台。为了不让公众看到他的颤栗，在劫难逃的君主多加了一件衬衫，看起来非常引人注目。不可思议的是，时至 350 年后，当年行刑人的身份依然成谜。

如今宴会厅外的信息板上还记录着当年的情景。白厅街另一侧的皇家骑兵卫队大楼上方有一个大钟，在"两点"的地方画了一个黑色的标记，标志着国王生命终结的时间。这是令人恐惧、充满悲情的一天。然而，对查理一世最好的纪念物并不在这里，而在几百码以外的特拉法加广场。纳尔逊纪念柱③的下方矗立着查理一世陛下的骑马雕像，凝视着白厅街方向，目光越过他受刑的地方，及至国会。

查理一世雕像是法国雕刻家休伯特于 1638 年创作的作品。英国内战爆发后，报仇心切的下议院下令将雕像当作废品卖掉。不过，雕像最终逃过一劫，在霍尔本的一个小院子地下被雪藏了多年，王政复辟后最终回归了王室。查理二世命令在雕像的底部加了一个做工精良的波特兰石底座，将雕像立于特拉法加广场现址。那时，所有地方到

---

① 白厅街：是连接议会大厦和唐宁街的一条大街。在这条街及其附近有国防部、外交部、内政部、海军部等一些英国政府机关，因此人们用白厅街作为英国行政部门的代称。白厅街得名于从亨利八世到威廉三世历代君主的寝宫白厅宫，该宫于 1698 年毁于一场大火，仅宴会厅幸存。（译注）

② 彼得·保罗·鲁本斯（Peter Paul Rubens，1577—1640）：佛兰德斯著名画家，巴洛克艺术风格最有影响的人物之一。（译注）

③ 纳尔逊纪念柱（Nelson's Column）：位于特拉法加广场，高 51.59 米，纪念 1805 年死于特拉法加海战的海军上将霍雷肖·纳尔逊。（译注）

伦敦的距离就是以特拉法加广场为中心开始测量的，现在还是如此。查理二世这样做，实际上是让他父亲又回归了伦敦中心和英格兰人生活的心脏地带。

# 44. 圣詹姆斯广场

## 威斯敏斯特市，SW1

圣詹姆斯区的建筑设计主要出自亨利·杰明之手。三百多年来，这一区域一直是想要攀附王权的贵族居住地。亨利·杰明是第一代圣奥尔本斯伯爵，他不仅对英王忠心耿耿，还是查理二世母亲的好朋友。1662年，他的忠诚终于获得了回报，国王慷慨地赐予他毗邻圣詹姆斯宫的45英亩土地。

亨利·杰明抱负远大，他的构想从一开始就是将圣詹姆斯广场打造成伦敦最昂贵、最具特色的住宅区或新市区的核心。圣詹姆斯广场最古老的建筑为四号楼①，18世纪20年代经历一场大火之后重建为第一代肯特公爵的府邸。圣詹姆斯广场最初建造的府邸占地面积都很大，宏伟壮观，对能付得起房租的朝臣和贵族们来说，其吸引力难以抗拒。不过，当时的建筑无一幸存至今。

四号楼重建的时候，已有六代公爵和至少六代伯爵曾在圣詹姆斯广场居住。四号楼重建十年后，乔治三世在广场东边的一个府邸里降生。后来，伊丽莎白女王之母伊丽莎白王后，即最后一位英属印度皇后曾在对面的府邸度过了童年时光。

第二次世界大战爆发后，圣詹姆斯广场的大部分府邸都不可避免地遭到空置，但与伦敦中心大多数广场不同，它早期的卓越风姿得到了保留。虽说圣詹姆斯广场现存建筑物大都建于乔治时代及之后，但因为有爱德华·谢泼德、马修·布雷丁厄姆、"雅典的"詹姆斯·斯

---

① 四号楼：现为伦敦最古老的俱乐部——海军与军事俱乐部所在地，也是圣詹姆斯广场上仍然保留花园和草坪的唯一府邸。（原注）

图尔特以及约翰·索恩爵士等建筑泰斗的作品，它的面貌仍然符合圣奥尔本斯伯爵的初衷。

# 45. 普丁巷

伦敦城，EC3

除了在一个不起眼的办公楼上有一小块纪念牌之外，普丁巷并没有什么值得一观的地方，也没有什么东西能吸引眼球，但有一件事除外——它是 1666 年 9 月伦敦火灾初情发生地。在那场火灾中，共有 1.32 万间民房，包括圣保罗大教堂在内的约 90 座教堂、44 家同业公会建筑、无数作坊及商业楼宇化为了灰烬。

现在把这场火灾称为伦敦大火，它始于一家面包房失火，这件事本身并不足为奇。当时正值秋季，风势很大，再加上城市大部分建筑是木质结构，大火就像野火般迅速蔓延，这也不值得大惊小怪。但奇怪的是，丧生火海的人寥寥无几，居然和后来从伦敦大火纪念碑[①]上跳下自杀身亡的人数一样多。很多报道都如是说，不过这种说法不足为信。

根据现在的了解，1842 年之前有 6 人先后从纪念碑顶端跳下自杀，以至于不得不在顶端修建了一道围栏来防止更多人自杀。一般认为，伦敦大火死亡人数为 5—9 人。这实际上有许多死者，尤其是底层死者没有记录在案。还有一种可能就是长时间燃烧的熊熊烈火直接将大量尸体焚烧殆尽。

伦敦大火也有好的一面，它造成的大规模破坏为老城的重新规划提供了契机。当时有人认为，如果以更为合理的全新城市规划来建设

---

① 伦敦大火纪念碑：位于伦敦纪念碑广场，于 1671—1677 年建立，由圣保罗大教堂的设计者克里斯托弗·雷恩爵士设计，采用古罗马多立克式风格，高 61 米，是世界上最高的独立石柱，沿着石柱内部 311 级螺旋形台阶，可以到达石柱的顶端。在这里，人们可以从最好的角度眺望伦敦城风光。纪念碑建立后，也发生了许多故事，比如 1732 年一名水手就在身上绑上绳子，从碑顶飞身而下，而此后有 6 人相继从碑顶跳下自杀，所以在 19 世纪中为了游客的安全，纪念碑顶端安装了防护栏以防止有人继续跳下。（译注）

所有街道、广场、景观等，伦敦就可以与巴黎、柏林和纽约相媲美。大火刚熄灭没几天，一些设计师就制定了详尽的规划呈递给国王，但都未通过，因为对于像伦敦这样人口密集、经济繁荣的城市来说，这样的规划被认为是不切实际的。于是便有了我们现在生活的伦敦。重建显得随意而散漫，但重建后的城市面貌既让人觉得新奇，又使人赏心悦目。

随着一幢幢新建筑拔地而起，伦敦政府很快制定了新法规来避免类似灾难的重演。不过，重建的街道依然遵循了古老的中世纪建筑风格，伦敦城仍被包围在古罗马城墙内，直到现在亦如此，这就是为什么"一平方英里"能够成为游览胜地的原因之一。或许，它会永远保持现在的样貌。

# 46. 乔治旅馆

## 伯勒大街，SE1

乔治旅馆是伦敦仅存的带有画廊的马车旅馆，其历史看起来要比实际建筑年代更为久远。现存乔治旅馆的建筑是 1676 年重建的，坐落于一个自中世纪以来旅馆云集的地方。

　　乔治旅馆位于通向肯特郡的道路上，显然和乔叟有某种联系。他笔下的朝圣者们从塔巴尔德旅馆出发前往坎特伯雷，而塔巴尔德旅馆差不多就在乔治旅馆的隔壁，在维多利亚晚期被拆除。乔治旅馆也很可能与莎士比亚有关联，因为环球剧场①离此地很近。现在，每逢夏季，莎士比亚剧还会在这个剧场演出。查尔斯·狄更斯也知道乔治旅馆，他曾在《小杜丽》中提及这家旅馆。他的父亲曾因欠债 40 多英镑而被关押在旅馆所在区域的"马歇尔西负债人"监狱。

在伦敦，这样的马车旅馆曾经有很多，保留至 19 世纪晚期的居然也为数不少。除了前面提过的塔巴尔德旅馆，还有主教门附近的绿龙旅馆，绿龙旅馆大约在 1870 年关闭。华威巷的牛津徽章旅馆，建于 17 世纪，也在 19 世纪 70 年代被拆除。霍尔本的古钟旅馆一直经营到了 19 世纪 90 年代。这三个旅馆当中，真正的伦敦地标建筑牛津徽章旅馆被拆除也许最让人感到痛惜，它激起了人们的强烈抗议，从而促成了"古建筑保护协会"的成立。

位于泰晤士河对岸萨瑟克区的女王头旅馆一直存活至 1895 年。在火车逐渐替代马车的年代，它成了堆放货物的仓库。乔治旅馆很可能也有类似的遭遇。1899 年，为了给铁路让路，乔治旅馆中又有两个画廊被拆除。不过，现在它的所有权归国民托管组织，还被列为英国一级保护建筑。全国范围内受到这种级别保护而且仍在运营的酒馆只有八家，应该说乔治旅馆的未来是安全的。

# 47. 冰上游乐会

## 泰晤士河

在 1963 年大冰冻时期，若要说走到泰晤士河对岸不会打湿鞋子，这在理论上是可能的。不过，这次冰冻时期只持续了很短的时间，而且，谁要尝试走到对岸，还得行至上游的金斯顿。

---

① 环球剧场（Globe Theatre）：位于英国伦敦，最初的环球剧场建于 1599 年，主要上演莎士比亚戏剧，1613 年毁于火灾。1997 年，一座现代仿造的环球剧场落成，命名为"莎士比亚环球剧场"或"新环球剧场"。（译注）

在过去的几个世纪，泰晤士河冰冻景观在伦敦早就司空见惯。河流结冰一方面取决于古老桥梁的设计，另一方面则取决于河水的温度。最明显的原因在于，桥梁工程结构不那么复杂，跨距较短，桥墩数量较多，这样一来便减慢了流速，形成大面积结冰。

每逢泰晤士河封冻，伦敦人就会热衷于娱乐和赚钱。他们成群结队地来到泰晤士河上，进行即兴表演，现在我们称之为冰上游乐会。冰上游乐会在伦敦由来已久。16世纪60年代泰晤士河上已有箭术表演等活动。1831年，成千上万市民参加了最后一次冰上游乐会。后来，中世纪伦敦桥的拆除最终给冰上游乐会画上了句号。

最不同寻常的冰上游乐会发生于查理二世在位期间。自1683年11月起一直到1684年2月，伦敦出现了"强冰冻"，一位当代研究者称之为伦敦心脏地带突现的"冬日奇境"。冰层厚度达10—18英寸，冰冻期持续时间之长前所未有。现在看来，那一年是伦敦有气象记录以来最冷的一年。一时间，从圣殿花园一带到河对岸的泰晤士河冰面上临时店铺和摊点林立。

当时，连英国国王和王室成员也来到河边目睹了这一奇观（早年间亨利八世和伊丽莎白一世也曾前往冰上游乐会）。胆大的人还在冰上燃起了火堆，火势之大，足以烤一只牛。日记作家约翰·伊夫林曾到此一游，兴致勃勃地记述了丰富多彩的冰上活动，如雪橇、冰帆船滑行、纵犬咬牛游戏、赛马、马拉车赛跑、小狗表演以及一些穿插表演，当然还有一些低俗的体育活动。游乐会"俨然是一个狂欢作乐的庆功会，或水上嘉年华"。可惜冰融化的速度相当快，到1684年2月6日，小船已经可以驶向对岸，第二天早晨冰就破裂消散了。

后来还有过多次冰上游乐会，总共应该有15次之多，但大多数仅持续不足一周时间。后期最盛大的一次冰上游乐会是在1814年，从黑衣修士区渡河的话，冰的厚度足以承受一头大象的重量。不过，仅四天之后，河面的冰就无影无踪了。二百多年后的今天，伦敦人仍对下一次冰上游乐会的到来满怀期待。

# 48. 安妮女王之墓

## 威斯敏斯特大教堂，SW1

斯图亚特王朝始于从遥远的苏格兰召唤新君即位之时，末期则需要到更遥远的汉诺威寻找王位继承人。乔治一世不仅生于外国，而且可能更愿意待在汉诺威①，所以他下令死后要将自己的遗体运回汉诺威。

斯图亚特家族对英国的统治终于安妮女王。其实，安妮女王有四十多位亲戚和她的血缘关系要比乔治更近，他们都有可能即位来延续斯图亚特家族的统治，但 1701 年通过的《嗣位法》中规定罗马天主教徒不得继承王位（在写作本书时，这一法令仍发挥着效力）。

安妮女王与丈夫"丹麦的乔治"有过很多子嗣。当然，从 1684 年到 1700 年，她曾怀孕不下 17 次，却无一成活。这使得威斯敏斯特大教堂里安妮女王的墓显得格外阴郁。她十几次流产或胎死腹中，生下来的孩子没有一个能活过 12 岁生日。厄运的交织，不但是她个人的悲剧，也是一个王朝的灾难。

在人们眼里，安妮和蔼可亲，但深沉忧郁，这一点很像深爱着她的丈夫。她的婚姻幸福美满，却终生饱受病痛折磨。她小时候患了一种叫"溢泪"的慢性眼病，后来又因染上天花错过了姐姐的婚礼，据说之后又身染卟啉症、撒播性红斑狼疮、糖尿病、痛风等多种恶疾。但除了痛风，其他的疾病都不是由她的私人医生确诊的，而是后来推测的。

据考证，安妮的体重严重超标，这从她的昵称"白兰地安妮"中可略知一二。但当代关于她的肖像画则无一例外地将她描绘成一个身材苗条、魅力十足的女人。其实，在加冕之时她备受痛风折磨无法行走，只能在华盖下由六名王室卫士抬着前往威斯敏斯特大教堂。当时

---

① 汉诺威地区位于德国北部。汉诺威王朝（the House of Hanover）是 1692—1866 年统治汉诺威地区和 1714—1901 年统治英国的王朝。1714 年，安妮女王驾崩，汉诺威选帝侯乔治一世·路易继承大不列颠和爱尔兰的王位，是为英王乔治一世。（译注）

她年仅 37 岁，却体态极其臃肿，在仪式中连金靴刺①都无法系到脚踝上。1714 年 8 月，安妮女王驾崩。据说，她的棺木几乎是方形的，挑选抬枢方阵人员时更多考虑的是体力和耐力，而不是身份或地位。

安妮女王驾崩时尚未满 50 岁。无论对于一个丰富多彩的王朝，还是对于一个生命而言，这都是一个令人哀伤的结局，但这正是最邪恶的共和党人希望看到的一种结局。

---

① 靴刺：中世纪时期在欧洲和中亚出现的由金属制成的"U"形结构，尖端有小尖刺，骑士在骑马时用皮带将其系在脚踝上，冲锋时用脚后跟踢马腹，使马感到刺痛而全速前进。文中的金靴刺是指英王加冕典礼特定的传统装饰之一。（译注）

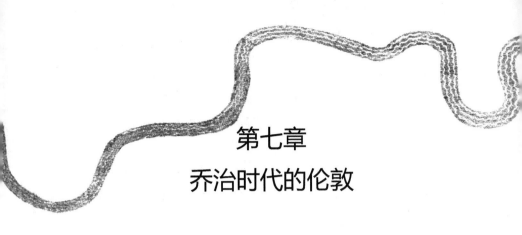

# 第七章
# 乔治时代的伦敦

**乔**治时代的伦敦成了世界上第一个人口达到百万的城市。建于这一时期的许多公共和私人建筑，以及贝尔格莱维亚与布鲁姆斯伯里的街道和广场，都得以完好幸存至今。所以，这一时期的伦敦，也许就是游客所能够想象和理解的首都的最早版本。

这一时期的伦敦创造了巨大的财富，比如一些精明的人将自己闲置的土地开发成价值很高的街道和广场，我们今天还在享用这些财富。此时的英国主导全世界，而伦敦则主导全英国。伦敦人口只占全国的 10%，却控制着高达 75% 的全国贸易份额。

## 49. 杰弗瑞博物馆

### 哈克尼区，金士兰路，E2

杰弗瑞博物馆前身为一个同业公会救济院，建于 1714 年，外形极其美观，比例协调，可能是伦敦最古老的乔治时代建筑。

1914 年，伦敦郡议会接管了救济院，把它作为室内布景博物馆，迄今已有百年历史。博物馆的多个套房里摆放着丰富多样的收藏品，展示了自大约 1600 年以来伦敦人民生活方式的变迁。变身为博物馆之前，救济院的拥有者和管理者是自中世纪以来监管伦敦城商业贸易活动的"十二大"同业公会之一——五金商家公会。

包括五金商家公会在内，许多这样的同业公会至今仍然存在。五金商家公会是同业公会的先驱，早在 1300 年就已经活跃在首都商界了。[①]那时的同业公会和现在一样，发挥着双重功能。一方面保障会员的商业利益不受损害，另一方面为各种慈善、教育事业筹措资金。这种形式的救济院慈善活动形成了一个长期传统，在伦敦等地，五金商家公会等组织如今还在为养老院项目出资和实施管理。

杰弗瑞救济院是一个三面环楼的正方形院落，以成功的东印度公司商人、前伦敦市市长罗伯特·杰弗瑞爵士（1613—1713）命名，正是他慷慨出资修建了这座救济院。最初这里接纳了 14 位领取养老金的老人，他们大部分是公会会员遗孀。在首都，还有数家由公会出资修建、至今存在的养老院，但都不及外形设计简洁、院内有数个花园的杰弗瑞救济院这般令人愉悦。把它用作室内装饰物品博物馆也是一种恰到好处的选择，因为它所在的哈克尼区多年来一直是生产家具、壁柜等家居用品的中心。

## 50. 奇斯威克府

奇斯威克区，霍加思巷，W4

奇斯威克府由第三代百灵顿伯爵设计建造，采用托斯卡纳式住宅建筑风格，外形简约但美观大方，诠释了古典主义建筑理念。它也许是伦敦最令人称奇的乡村宅邸，现在仍为伦敦最令人向往、最古朴典雅的私宅之一。建成后有许多贵族慕名前来参观，有一位贵族曾这样评价："住起来太小，游览起来又显得太大。"这个描述让人费解，但却非常贴切。事实上，这座非常美观大方的 18 世纪府邸从一开始就未考虑

---

① 在写作本书时，伦敦共有 108 个同业公会，其中有几个是 20 世纪创办的新式公会，如消防员公会、船长公会和信息技术员公会等。（原注）

实用性。

百灵顿从未打算在此居住，他也未曾料到自己修建的帕拉第奥风格府邸到了 19 世纪 90 年代竟被改头换面为医院。更出乎意料的是，20 世纪 40 年代这里又变成了消防站。还有一点也令人始料未及，这样一座极为重要的英国一级建筑瑰宝、英国最卓越的乡村宅邸之一，竟是在遗迹保护组织"乔治小组"的竭力劝说下，才摆脱了被市政委员会拆除的厄运。

理查德·博伊尔（1694—1753）在年少时继承了第三代百灵顿伯爵和第四代科克伯爵的头衔和财富。艺术鉴赏和研究是一种最典型的乔治时代风尚，理查德从十岁起便醉心于此，在同时代人眼中他就是"艺术界的阿波罗"。他的艺术才能在 250 年后与他的伦敦府邸，即位于皮卡迪利大街上的百灵顿府，产生了密切的联系，这里现已成为皇家艺术学院等学术社团所在地。

大多数和百灵顿伯爵志趣相同的英国贵族只有一次游历欧洲大陆的经历，而百灵顿伯爵有数次；大多数人在建筑鉴赏方面只是业余爱好，浅尝辄止，而他却进行过专业研究。凭借专业知识和远大抱负，他在推动英国接受帕拉第奥建筑理念方面，发挥了重要作用。国王的管弦乐队指挥乔治·弗里德里希·汉德尔对他印象颇佳，在百灵顿家做客时还专门为他演出了两场歌剧。

受百灵顿启发，当时英国建造了许多新古典主义建筑，除了奇斯威克府，现存的还有威斯敏斯特公学、约克市民活动厅及许多英格兰乡村宅邸。但是，由于他的很多建筑已被改头换面或遭到破坏，奇斯威克府就成了迄今为止他的作品里最具吸引力和最受游客青睐的地方。

奇斯威克府的修建初衷不是为了居住，而是作为陈列百灵顿伯爵收藏的家具、书籍及艺术品的地方，也是他个人休闲娱乐的一方小天地。更重要的是，这是他向意大利建筑师安德里亚·帕拉第奥致敬的作品。府邸内的几处花园是英格兰第一批自然风景式园林，由威廉·肯特设计，室内设计也出自他之手。于是，正宗意大利文艺复兴风格建筑竟在当时的伦敦边缘神奇再现。奇斯威克府在 18 世纪 30 年代引起轰动，即使是现在，每年还有上百万人蜂拥而至，一睹其精美的灰泥天花板，以及约翰·米歇尔·莱斯布莱克①的雕塑作品和华丽的壁炉橼雕刻。

由于第四代德文郡公爵娶了百灵顿的女儿，于是在百灵顿伯爵去世后，奇斯威克府就传到了几代德文郡公爵手上。德文郡公爵名下有多处乡村宅邸，如查特斯沃思的府邸、约克郡的博尔顿庄园及爱尔兰的利斯莫尔城堡，所以他们很少使用奇斯威克府。但社交广泛的第五代德文郡公爵的妻子乔治亚娜·斯宾塞经常在此招待时尚界和政界名流，她称其为自己的"人间天堂"。

乔治亚娜的朋友、辉格党最重要的政治家查尔斯·詹姆斯·福克斯于 1806 年死于这里。无独有偶，乔治·钱宁在担任首相仅仅 119 天之后也死在这里，而且还死于同一个房间。第六代德文郡公爵在府邸里饲养了一头大象和几只长颈鹿、麋鹿、鸸鹋、袋鼠等动物。但此时奇斯威克府处于明显的衰落期，侥幸逃脱了被拆除的厄运，于 19 世纪 50 年代被租给他人。

之后，奇斯威克府曾作为一家私立精神病院长达三十多年。20 世纪 20 年代，米德尔塞克斯郡议会接管了这里。身为府邸的管理者，他们没有尽职尽责，所幸 1956 年原工程部（1962 年改名为公共建筑工程部）对府邸的用途重新进行了规划。十年之后，披头士乐队来到这里，在府邸的温室拍摄了几部宣传片。

最近，考古学家在奇斯威克府内发现了一处詹姆斯一世时期的房子残迹，这是百灵顿老爷当年选择居住的建筑，在他死后被拆除。另外，为了修复威廉·肯特设计的美丽宁静的景观、园中的装饰性礼拜堂和其他一些装饰性建筑，使这里恢复昔日的辉煌，共花费了 1200 万英镑。

---

① 约翰·米歇尔·莱斯布莱克（John Michael Rysbrack，1694—1770）：巴洛克风格雕塑家，当时伦敦最知名的雕塑家之一，来自佛兰德斯（中世纪欧洲一伯爵领地，包括法国、比利时和荷兰的各一部分地区）。（译注）

# 51. 谢泼德市场

梅菲尔区，W1

乔治时代的人，不仅具有设计建造美丽乡村宅邸的卓越才能，还非常擅长城市规划。在伦敦拓建时，很多地主纷纷仿效圣奥尔班斯对圣詹姆斯区的开发，在伦敦城中心以西修建了漂亮的新近郊住宅区。

这一时期新建的一些最漂亮的近郊住宅区，如贝德福德地产公司所建的布鲁姆斯伯里"小镇"（见本章 54 节），都是环境优雅、设施齐全的社区，当然那时候并未规划今天我们所期待的那种社会融合社区。显而易见，当时的地主和地产商在建造宅邸时主要考虑的是富人。富人们遗弃了肮脏的伦敦城向西迁移之后，他们在伦敦城的房屋变得破败不堪，一般就由穷人和中间阶层的人们进行再分配后入住。

然而，为显要人物新建的市郊宅邸必须要有配套的服务，于是街道和广场后面很快出现了五花八门的市场和商贩摊位，给贵族和富人的宅邸供应燃料及食品。现在，由于伦敦西区不再用作住宅区，大部分旧豪宅都已消失，谢泼德市场成为唯一幸存并保持乔治时代建筑原貌的地方。即使如此，如今的谢泼德市场比 1735 年还要漂亮，独具魅力，符合人们对这个地段的期待。

谢泼德市场位于古老的"五月集市"。"五月集市"一年一度举行，伦敦梅菲尔区也因此而得名。[①]"五月集市"后来因过于嘈杂和低俗等原因被取缔，集建筑师和开发商于一身的爱德华·谢泼德瞅准机会在皮卡迪利附近建造了一个狭窄而密集的小街区，开了许多商店和酒馆。那里很快挤满了各家各户的仆人，八卦各自的雇主和采购日常所需。

现在，要是快速游览一圈，你会发现谢泼德市场已无当年的建筑，不过，纵横交错的狭窄街道和通道网络仍然具有 18 世纪的氛围。那

---

① 五月集市：英文为 May Fair，梅菲尔区（Mayfair）是"五月集市"的音译。（译注）

一区域的许多豪宅要么已经消失，要么已被改造为办公楼或酒店。虽然如此，我们还是能感受到像谢泼德市场这样的小市场为伦敦富人的厨房、洗涤室和马厩院所提供的便利。

# 52. 伦敦詹姆清真寺

斯毕塔菲尔德区，砖巷，E1

人们常说美国是不同种族的大熔炉，是一个移民聚集的国度，但同样的说法也适用于伦敦，数百年来，伦敦一直就是这样一个大熔炉。种族融合和移民的证据在伦敦比比皆是，但要了解源源不断的移民潮如何改变了这座城市的面貌和种族构成，砖巷的大清真寺就是最好的例子。

詹姆清真寺的历史可追溯到 1743 年，当时胡格诺派①难民为了逃避法国天主教权威的迫害，迁移到东伦敦，在现在的清真寺原址新建了一座教堂，叫作"新教堂"。后来胡格诺派教徒继续搬迁，许多人迁至旺兹沃思区，这个区的盾徽上现在还刻着三行蓝色的眼泪，寓意被迫背井离乡的法国人的泪水和痛苦。1809 年，他们在伦敦东部弃置的"新教堂"先是被卫理公会教徒占据，后被一个劝诫犹太人皈依基督教的短命组织占据，之后又被卫理公会教徒占据。

19 世纪末这里又迎来了一次重大变化。由于伦敦东部地区的犹太人社区拒绝皈依基督教，砖巷 59 号改作俗用，变身为犹太教堂。更改用途的教堂在另一次具有重要意义的难民涌入潮中发挥了重要作用，新涌入者主要是逃离沙皇大屠杀和纳粹德国的难民。

这次用途的改变还是没有持续多久，随着新移民移居到伦敦北部更繁华的地区，另一波新移民占据了这片区域。这波移民来自印度次大陆，主要是来英国找工作的孟加拉人。此时当地纺织业仍很繁荣，于是他们在这个行业中找到了就业机会。

①　胡格诺派（Huguenots）：16 世纪宗教改革中兴起的法国基督教新教派别，深受约翰·加尔文思想的影响，在政治上反对君主专制，遭到长期迫害。（译注）

到 20 世纪 70 年代中期，该区域的孟加拉人已经形成了一个人数众多、历史较长、欣欣向荣的群体。出于礼拜的需要，1976 年，他们获得了这座已被弃用的老犹太教堂，并按照自己的意图把它改造为詹姆清真寺。詹姆清真寺保留了乔治时代简约对称的外观，现为英国二级保护建筑，能容纳三千多人进行礼拜。它已为伦敦这一区域服务了 270 多年，如今还在继续服务。

# 53. 斯宾塞府

## 圣詹姆斯街，SW1

第六章曾提及，亨利·杰明刚一开发圣詹姆斯宫周围数十英亩宝贵的土地资源，那些想要攀附王权的贵族们就迅速占据了这些伦敦新街景。杰明爵士建造的某些宅邸必然非常抢手，比如圣詹姆斯广场的宅邸，就吸引了身份最高贵的买家；阿灵顿街的宅邸则大受众多政客的青睐，很快获得了"大臣街"的外号。

除了享有盛名的广场中心地段的宝邸，最受欢迎的便是能够俯瞰绿色公园的宅邸。绿色公园环境宜人，交通便利，风景优美，建成后很快就被誉为"欧洲最美公园之一"。据说，这些宅邸未来的主人可以充分享受其地段优势。处在这个地段的宅邸，前半部分坐拥"城市的繁忙和壮观"，而后半部分则处于"乡村的静怡与简朴"之中。

这样描述斯宾塞府和其他几座可俯瞰绿色公园的私人宅邸肯定是合适的。斯宾塞府位于一个叫作圣詹姆斯街的静谧的死巷内，前门外观显得比较简朴、庄严。而通过一个私人梯台式花园和绿色公园从后面观看，它则展示了一个 18 世纪建筑精品，以及一个财富和权力都达到巅峰的家族的荣耀、富足和奢华。

斯宾塞府是威廉·肯特的弟子、同样崇尚帕拉第奥风格的约翰·瓦尔迪为宅基地主人、朝中大臣、第一代斯宾塞伯爵而建，完工于 1766 年。即使在今天看来，约翰·瓦尔迪为斯宾塞府设计的粗琢地面和巨大门廊也使花园前端成了绿色公园的美景之一，而由亨利·霍兰德和詹姆斯·斯图尔特等设计的内部装饰，则更是煞费苦心。

不幸的是，这座府邸对斯宾塞家族来说可能过于宏伟。尽管后来戴安娜①当上了威尔士王妃，斯宾塞家族重获荣耀，但在斯宾塞府完工的一个世纪时间里，这座宏伟的伦敦府邸可能一直入不敷出，紧缩开支。因此，在斯宾塞家族将家具和艺术品搬至其位于北安普敦郡奥尔索普的庄园后，就把府邸租赁给了形形色色的租客，家族成员则退居乡村。

斯宾塞府曾一度成为第九代马尔伯勒公爵夫妇在伦敦的落脚点。马尔伯勒公爵夫人来自康斯萝·范德比尔特家族。府邸后来还做过陆海军女兵俱乐部，该俱乐部现已不复存在。府邸在第二次世界大战中未受到损害，1948—1985 年被改造为办公场所，这期间也尽力避免了被拆除的命运。后来第四代罗斯柴尔德男爵拯救了这座府邸，将其修葺一新。如今，府邸还是由他来管理，每个星期天大都会向公众开放。

斯宾塞府不是伦敦圣詹姆斯宫附近区域唯一幸存的建筑，这里还有查尔斯·巴里设计的布里奇沃特公爵府和威廉·肯特设计的阿林顿街 22 号。不过，如今的斯宾塞府也许依然是最漂亮、最赏心悦目，也是最便于游览的府邸。它会让人回想起当时的伦敦是多么狭小紧凑。生活在那个时代，很可能一只脚踏在城内，另一只脚就会踩在城外。

## 54. 贝德福德广场

布鲁姆斯伯里，WC1

18 世纪的伦敦是一个生机勃勃、经济繁荣的世界性大城市，然而那时

---

①　本名戴安娜·弗朗西斯·斯宾塞（Diana Frances Spencer，1961—1997），当今威尔士亲王查尔斯的第一任妻子，1997 年死于车祸。（译注）

伦敦的城市面貌并非人见人爱。1725 年，丹尼尔·笛福曾明确宣称世界上任何地方都没有能和伦敦相媲美的街道、广场和新建筑，但有些作家却没这么武断。曾有一位美国游客对梅菲尔区的格洛斯维诺广场嗤之以鼻，认为它只不过是"一些胡思乱想的组合……杂乱无章，毫无美感可言"。英国皇家艺术学院的一位创始人哀叹伦敦西区一直"任由那些无知而任性的设计师摆布"。

建筑师约翰·格温认为问题在于伦敦缺乏"宏伟壮丽的气势"，主要意思是说建设时压根就没有进行城市规划，但布鲁姆斯伯里的情形有所改变。1775 年，布鲁姆斯伯里大部分地方属于贝德福德公爵拉塞尔家族。第四代贝德福德公爵的遗孀在她的儿子未成年时摄政，她主持修建了贝德福德广场。从设计上讲，贝德福德广场是伦敦最完美无瑕、齐整完善的乔治时代广场，创造了乔治王朝全盛时期的最佳生活方式典范。

约翰·伊夫林把布鲁姆斯伯里描述为"小镇"，这种描述是比较准确的。布鲁姆斯伯里就是从贝德福德广场发展而来的。规划整齐的街道、广场和配套的马厩为伦敦其他地主们提供了蓝图。地主们大多为贵族，在他们手上曾经毫无价值的农田和草地，忽然间处在首都快速拓展的范围之内，于是他们伺机将这些地产变现。最富有的、地位最高的地主是格罗夫纳家族的子爵、伯爵、侯爵以及后来的威斯敏斯特公爵。格罗夫纳家族甚至不择手段，19 世纪 20 年代，他们在伦敦建设自己家族的地产时，居然在贝德福德家族的眼皮子底下"挖走"了托马斯·邱比特①。

在设计格罗夫纳家族位于贝尔格莱维亚区的房子时，邱比特的目标群体是那些最时尚、最富有的精英阶层。在布鲁姆斯伯里，他设计的联排房屋主要针对的是心怀抱负的中产阶级，但从现代人的眼光来看，这些联排建筑看起来规模庞大、气势宏伟，很有贵族气派。可惜，这些房子现在仍用于居住的已所剩不多，没有几座能逃脱被拆分为公寓楼的厄运。不过，重要的是，它们毕竟得以幸存至今，而且，幸存房子的数量足以让我们体会布鲁姆斯伯里的统一规划，这正是它的创

---

① 托马斯·邱比特（Thomas Cubitt，1788—1855）：英国建筑大师，以设计规划伦敦许多重要街道和广场而闻名，包括贝尔格莱维亚和布鲁姆斯伯里。（译注）

造者们努力追求的一种感觉。

他们的功绩值得赞扬，在伦敦，像这样得到完好保留的地方并不多见。然而，有些事却让人感到非常吃惊。大量破坏古建筑的账，想必该去找大学和博物馆清算，而不该记在纳粹德国空军的轰炸上。如今这些学校和博物馆天经地义地保护着自己的地盘，大体上还算是合格的监护人。事实却是，在 20 世纪 70 年代，这些文化机构赋予布鲁姆斯伯里另一种特质。他们卖力地破坏了乔治时代的瑰丽风格，却用面目丑恶、千篇一律、粗糙突兀的街区取而代之。

# 55. 教区哨所

## 吉尔特斯伯街，EC1

乔治时代的伦敦市民举止优雅，社会发展井然有序，但是犯罪率却居高不下，贪污腐败的现象也屡禁不止。死刑判决高成为这一时期的特征，偷盗区区 5 先令（25 便士）就有可能被处以死刑。

当时死刑量刑的罪名多达 200 多条。对此持支持态度的一些愤世嫉俗者认为，死刑判决的激增不过是为了缓解长期监禁囚犯产生的经济负担而已。更为愤世嫉俗的观点是，源源不断的尸体促进了医疗事业的快速发展，激发了医学工作者对解剖的兴趣，医务人员比以往更热衷于寻找可供解剖的尸源。这一时期，医学道德的边界线大幅倒退，直到 1832 年，政府颁布了《解剖法案》，规定只有罪犯的尸体才可用于医学研究，这一现象方才得到遏制。

不出所料，罪犯（确切地说是他们的家人）会竭力阻止在被处以绞刑或斩首后尸体用于医学研究，从而再次遭到侮辱。于是产生了新的问题——尸源紧缺，需求必定会超过供给。这种情况滋生了许多富有创业精神的新型罪犯，他们以从伦敦教堂墓地盗挖新埋尸体卖给医学研究人员为业，这就是所谓的"复活者"。最出格的"复活者"是爱丁堡的伯克和海尔。为了确保足够的尸源，他们会先谋杀受害者。这种骇人听闻的行径自然引起了人们的恐慌。

令人难以置信的是，盗尸牟利的行径在当时并不被当回事，只按照一般罪行而非重罪论处。1747 年，白教堂区的一个儿童尸体被掘墓盗走，两名罪犯仅仅被判处罚金 1 先令外加在新门监狱服刑数月而已。很难估计这种现象有多么普遍，因为无论是买家还是卖家，说出令人发指的交易真相对自己没有什么好处。

不过，我们可以从现存的一些哨所看出当时盗尸有多么猖獗。当时政府修建了哨所并安排专人值守，以此保护那些刚下葬的坟墓免遭盗挖。史密斯菲尔德附近的吉尔特斯伯街上就有这样一个哨所，1791 年建于圣塞普尔切瑞教堂院内，比《解剖法案》的通过要早几年。

埋葬于圣巴塞洛缪医院附近的尸体被盗挖的可能性极大，好在像吉尔特斯伯街上这样的哨所在伦敦到处都有。不过，有些哨所没有它那么坚固。在邦希田园公墓就曾发生过哨所被一伙盗尸贼越墙而入洗劫一空的案例，当时守卫还在屋内。在《解剖法案》仍处于听证阶段时，一座座哨所已经开建，如兰贝斯教区哨所就建于 1825 年。有些哨所直至 20 世纪 30 年代还存在，当然在此之前，由于薪酬极低，守卫的工作积极性并不高，他们的职责早已被伦敦大都会警察局的警察所取代。

# 56. 萨默塞特府

河岸街，WC2

第一座萨默塞特府建于 16 世纪中叶，是河岸街上众多富人权贵们的豪宅之一（见第六章）。它是护国公萨默塞特爵士的私有地产，也是英格兰首例采用具有强大影响力的文艺复兴风格的建筑。它的建筑材料是拆除圣约翰·克拉肯维尔修道院后回收而来的，还有一部分拆自附属于圣保罗大教堂的老停尸房。

我们今天看到的取代萨默塞特府的建筑应是 18 世纪 70 年代所建，当时这类建筑首次在伦敦亮相。它是一座大型综合政府办公楼，这个功能一直延续了二百年。18 世纪末到 19 世纪初，这座由威廉·钱伯斯设计的连体建筑成了各种学会的总部，如皇家学会、皇家艺术学院和古文物研究者学会等。这些学术机构十分保守，整栋建筑都禁止公众入内。

如此宏伟而令人兴奋的建筑曾将游客长期拒之门外，如今看来，这似乎是非常让人诧异的一件事。它那宽敞的开放式庭院也是一个很吸引人的地方，可这个院子只作为公务员停车场，没有其他任何服务设施。这有点让人难以置信，但是事实就是如此。皇家海军曾一度进驻俯瞰泰晤士河的部分楼层。此时是河水还没有漫至联排楼低层、堤坝尚未修筑之时。作为伦敦中心最大、最美的建筑之一，在它建成以来的大部分时间里，接纳过印花税局，出生、死亡、婚姻登记总局，以及成千上万为国税局工作的男女职员，这是它的最大用途。

20 世纪 90 年代，萨默塞特府终于迎来了延宕已久的重生，如今它已被整修，改造为展览场所——考陶尔德美术馆和吉尔伯特金银及艺术品收藏馆，这当属首都文化重生的重要举措。这里是思考与学习的地方，也是举行世界级展览和开展各种娱乐活动的地方。夏天，孩子们在喷泉边尽情嬉戏；圣诞节时，院子会变身为冰上乐园。如今的萨默斯特府是伦敦必不可少的景点，有时候我们需要努力回忆，才能想起它曾作为办公楼的历史，而那段历史，对于我们大多数人来说，只不过是政府通知上的文字而已。

# 57. 斗鸡场台阶

## 鸟笼道，SW1

斗鸡在 1835 年被宣布不合法，之前一直是一项观赏性体育活动，其历史可追溯到六千多年前，16—18 世纪在伦敦尤为盛行。

为了纪念皇家斗鸡场，一条穿越旧女王大街的蜿蜒石阶小路被列为英国二级保护建筑遗迹，皇家斗鸡场就在小路附近。乔治时代斗鸡场众多，皇家斗鸡场是比较著名的斗鸡场之一。斗鸡往往是下层人的生活方式，但实际上这种活动对各个阶层都具有强烈吸引力。一位到过斗鸡场的游客描述道："这里汇集了形形色色的人，有贵族和扒手、马夫和绅士、品味高雅的人和地痞流氓。"

从皇家斗鸡场所处的地理位置和名称来看，上层社会对斗鸡并不陌生。许多上层社会的人会自带斗鸡加入恶战，更多的人则旁观下注赌输赢。斗鸡场经营者们从赌注中抽取份额，并收取入场费。根据斗鸡场相关管理部门的规定，皇家斗鸡场的入场费为 5 先令。从这个价格似乎可以得出合理的推断——举止粗鲁的工人若想找乐子，就只能另寻他处。这项运动十分残忍可怕。斗鸡会被修剪翅膀，切除肉垂。现场有一名计数员、两名裁判和狂热聒噪的下重注者。在众目睽睽之下，斗鸡会战斗到死。

# 58. 第一家煤气公司

## 大彼得街，SW1

18 世纪 90 年代，煤气首次在英国西南部各郡用于家用照明。1807 年，为了庆祝威尔士亲王的生日，利用煤气发电的灯照亮了蓓尔美尔街的一部分。这两次煤气的使用只是演示，直到 1812 年，乔治时代的伦敦才接纳了煤气技术，建立了第一座商用煤气公司——煤气灯与焦炭公司。

煤气灯与焦炭公司位于大彼得街，是由德国企业家弗里德里希·阿尔伯特·文森根据《皇家宪章》成立的公司。弗里德里希曾主导过数年前在蓓尔美尔街使用煤气的演示活动。几乎可以肯定地说，这是世界上第一家公共煤气公司，它被授权利用煤气为伦敦和威斯敏斯特两座城市提供照明，后来公司服务范围迅速扩大，在白教堂区、波普拉区和皇家铸币厂（伦敦塔附近）设立了分公司。

在其后一百年里，煤气灯与焦炭公司兼并了十几家伦敦等地的竞争对手，一直运营到 1949 年被国有化。此时，它的客户范围已从伦敦北部延伸至泰晤士河河口地区。

现在，煤气灯与焦炭公司被视为英国天然气公司和森特里克公司的前身。除了一块纪念它在威斯敏斯特成立的纪念牌之外，煤气灯与焦炭公司还留下许多成立初期的历史遗存。富勒姆区萨兹恩德有一个乔治时代储气罐，这是世界上最早的储气罐；伦敦东区有一家以煤气灯与焦炭公司总经理西蒙·亚当斯·贝克的名字命名的贝克顿煤气公司；巴金区有一艘拖船，当时煤气灯与焦炭公司的运煤船和其他船只共有 40 多艘，这是唯一幸存下来的一艘。

# 59. 布里克斯顿风车磨坊

## 风车园，SW2

在伦敦，有 20 多家街道、建筑物和酒吧的名称中包含"风车磨坊"这个词语，比如伦敦西区著名的风车磨坊剧院。这些名称就是曾经为首都服务的风车磨坊的残存记忆。比起那些已经消失的风车磨坊，幸存至今的七座风车磨坊也许更值得关注。当然，七座风车磨坊大多远离伦敦中心，只有在城市的边缘地带才能觅到它们的身影。

布里克斯顿风车磨坊建于 1816 年，是这七座风车磨坊中最靠近市中心的一座。在建成之后几十年里，它所在的地区曾是商品菜园和牧场，视野非常开阔。这座风车磨坊是由当地的阿什比家族修建的，

19 世纪 60 年代伦敦南部扩建时它的电源被切断，最终停止运转。大约半个世纪后，磨坊改为用蒸汽（后改为煤气）发电，又焕发了新的生机。到了 20 世纪 50 年代，伦敦郡议会获得了这座具有近 140 年历史的古老建筑物的所有权，使它恢复了最初的面貌。

令人痛心的是，布里克斯顿风车磨坊多次遭到肆意破坏，而且，磨坊虽然惹人喜爱，但毕竟会消耗大量资源，所以磨坊所在地自治市议会也在努力为它挖掘新用途。2008 年曾发起一场募捐活动，募集到 200 万英镑资金用于磨坊修缮。相关计划也正在制订当中，准备在这座乔治时代风车建成 200 周年时再次开工磨面。

# 60. 皇家歌剧院拱廊街

## 查理二世街，SW1

皇家歌剧院拱廊街是伦敦首座封顶式购物拱廊街，由约翰·纳什和乔治·斯坦利·雷普顿于 1816—1818 年改造老意大利歌剧院时设计。老意大利歌剧院是英国当时最大的剧院（女王陛下剧院是现在最大的剧院），也是伦敦最漂亮的剧院之一，就连最便宜的座位也要求观众穿晚礼服。

纳什和雷普顿的改建包括在剧院三面分别增加了柱廊，第四面搭建了一条狭窄的拱廊街，将查理二世街和蓓尔美尔街连接起来，一侧是许多精致典雅的摄政时期风格的店铺。拱廊街很快得到了人们的认可和肯定，证明这种已在欧洲大陆流行的设计理念具有非凡的影响力。

在伦敦西区其他地方相继出现了类似的拱廊街，比如百灵顿拱廊街、王子拱廊街和皮卡迪利拱廊街。在布鲁姆斯伯里出现了另一种类型的拱廊街，就是由托马斯·邱比特设计的正面有凸肚窗的沃本步行街，建成于1822年。

在众多拱廊街建成之后，皇家歌剧院拱廊街不再像当初那样时尚受欢迎，它其实败给了某些模仿它而建的拱廊街。尤其值得一提的是百灵顿拱廊街，那里有身穿统一制服的礼仪人员，还有各种令人好奇的神秘规定。但皇家歌剧院拱廊街的重要性仍不能低估。在那个时代，它代表着店主们和传统经营模式的决裂，因为在此前，他们很少尝试商品展示或产品促销的经营模式。

以前，采购所需物品的工作通常都由仆人来做，女主人不会做这样的事。购物被视为日常杂务，不是休闲消遣的方式。店面的橱窗一般很小，可供挑选的货物也非常有限，商品往往堆放在柜台的后面。几百年来都是如此。但是，皇家歌剧院拱廊街充当了一个真正的零售业革命的先锋。这场革命向着一种全新的消费理念尝试性地迈出了第一步。这种理念就是，消费不是一种必需的行为，而是一种令人愉悦的体验。不仅如此，在伦敦，皇家歌剧院拱廊街率先引导我们把购物之地视为游览目的地，今天我们已经将这种现象视为理所当然。正是在这些消费理念的引领下，伦敦西区以品质一流、琳琅满目的商品而闻名于世，哪怕是最精明的购物狂，也一定会买到称心如意的东西。

# 第八章
## 维多利亚时代的伦敦

**从** 维多利亚女王统治初期到她驾崩，伦敦人口从 100 多万增长到将近 450 万。这一时期伦敦发生了天翻地覆的变化，一方面源于人口数量前所未有的增长，另一方面则是因为铁路的到来，以及治理、维护世界上最庞大的帝国给社会各个层面带来的影响。乔治时代"城市生活"这一人类史上最文明的理念传至维多利亚统治时代时，伦敦虽然经济繁荣，但环境却是难以想象的脏乱。正是维多利亚时代的人们设计建造了大部分伦敦人至今赖以生存的基础设施。

## 61. 肯萨尔绿地公墓

哈罗路，W10

肯萨尔绿地公墓象征着维多利亚时代人们对死亡的迷恋，也象征着对进步和技术坚定不移的追求。这一时期，伦敦的公墓和古老的教堂墓地已无法满足人们的需求，而作为这座历史名城西北部的著名地标，肯萨尔绿地公墓开创了丧葬新时尚。

曾经有几十年时间，富人从来不为无处安葬而发愁，有钱有势的人总能在教堂内找到安葬之地。然而，教堂外的情况却骇人听闻。教堂墓地往往人满为患，埋葬时间较久的棺木常常被挖出来，弄得七零八落，最终被焚烧。有人报告说一些被草草下葬不久的尸体经常有肢体露出地面，周围居民对这种"极大的晦气"感到惶恐不安。

显然，解决办法就是将墓地迁至远离市中心的地方，即"对居民健康影响不大的地方"。在"1830 年议会法案"颁布之后，一下子冒出了很多商务公司，开发了数百英亩新式郊区墓地。

肯萨尔绿地公墓是由第一家现代墓园公司——通用公墓公司开发的。这家公司的墓园开发理念从一开始就非常理想化，它对占地面积达 50 余英亩的墓园精心实施了整体美化，种植了数百棵树，采用最新潮的希腊复古风格建造了几个小遗体告别教堂——为英国国教哀悼者选择了多立克风格，而为非英国国教信徒选择了爱奥尼亚风格。公墓巨大的入口为多立克风格。最初计划在这里修一座水门，这样棺材可通过大联盟运河①抵达墓地，但最终放弃了这个计划，转而采用了最新技术，比如用液压升降机将死者从主礼拜堂下降到地下墓穴。

肯萨尔绿地公墓有可供安葬一万个尸体的墓穴。总而言之，这些郊区墓穴无论从哪方面讲都是第一流的。经过大规模宣传，随着乔治三世的两位子女等显要人物也接受了这种新丧葬风尚，通用公墓公司的股票价格竟翻了两倍多。一时间只要是能买得起的人，都想在环境优美的肯萨尔绿地公墓预定一块墓地。吉尔伯特·凯斯·切斯特顿在他的《崎岖英伦路》一诗中对公墓的魅力做了最生动的描述："我们闻佳音，赏美景，从肯萨尔绿地，步入天园。"

虽然其他墓园也纷纷仿效，但肯萨尔绿地公墓无法被超越。著名园艺家约翰·克迪拉斯·劳登于 1843 年去世后被埋葬在这里，无疑是对这座公墓心照不宣的赞许。后来索菲亚公主、萨塞克斯公爵、作家威廉·萨克雷②与安东尼·特罗洛普、作曲家迈克尔·巴尔夫以及几位布鲁内尔家族成员，包括马克·布鲁内尔爵士夫妇和他们的儿子

---

①　大联盟运河（Grand Union Canal）：英格兰运河系统的一部分，始于伦敦，终于伯明翰，全长 137 英里。（译注）

②　威廉·萨克雷（William Makepeace Thackeray, 1811—1863）：英国作家，以讽刺性作品而著名，代表作为《名利场》。（译注）

伊萨姆巴德·金德姆·布鲁内尔①都葬于这里。如今，城市居民尤其赞同这种大型市政公墓的理念，但对于维多利亚时代的人们来说，它是一种激进的理念，在一个特定的时代因需所致，应运而生。

# 62. 泰晤士河隧道

## 威平-洛特希区，SE16

泰晤士河隧道位于洛特希区，是和这个土木工程师辈出的伟大王朝产生联系的另一项工程。它由马克·布鲁内尔父子于 1843 年主持修建，在 170 多年后的现在仍每日都在使用。

作为第一条现代河底隧道，泰晤士河隧道的修建过程漫长而曲折。建设隧道最初的设想是可以在泰晤士河河底跑马车。1818年，这项工程在进行首次讨论时引起了媒体轰动，老布鲁内尔俨然成了名人。但随着问题接踵而至，连支持者们也开始谈论他说了"大空话"。

老布鲁内尔曾因欠债而入狱，其间通过观察一种常见船蛆获得了灵感，发明了"隧道盾构机"并较早获得了专利权。这一技术能够在地下掘进时保证工人的安全。作业时，先用盾构机支撑新挖隧道，以便于工人铺设砖墙，然后利用液压千斤顶的助力将 12 块巨大的铸铁板缓慢向前推进。

盾构掘进的想法很好，但操作起来却没那么容易。几年后，建设伦敦地下交通系统的众多默默无闻的英雄之一、另一位有远见的工程师詹姆斯·格瑞海德爵士对其进行了改良。而此时的布鲁内尔却厄运连连。他的挖掘机因动力不足无法转动刀片。开工仅两周就发生了第一起死亡事故（隧道工程共计 10 人死亡），一名工人跌入竖井而亡。几个月后，泰晤士河河水涌入一条刚挖掘 10 多英尺长的

---

① 伊萨姆巴德·金德姆·布鲁内尔（Isambard Kingdom Brunel，1806—1859）：英国机械与土木工程师，工业革命最伟大的人物之一，曾主持修建大西部铁路。（译注）

隧道。后又发生瓦斯爆炸，隧道里恶臭冲天，空气潮湿，工人们怨声载道。没过多久，很多挖掘工人出现了脓疮、怪异病变、恶心和腹泻等症状。

工程开工还不到一年，一位关键工程师由于过度劳累而亡。于是马克身材瘦小的儿子伊萨姆巴德加盟了父亲的团队来协助工程建设。他也对挖掘机掘出碎石忧心忡忡，因为碎石表明挖掘机作业离河床太近，这是很可怕的一件事。工人们旋即开始罢工。隧道时常渗水，河水又一次涌入隧道夺走了两个人的生命。此时老布鲁内尔爵士罹患瘫痪性中风，当病情部分好转时，他觉得应该举办一次派对来鼓舞工人和大约 40 名骨干人员的士气。于是，一场有 200 多人参加的宴会在隧道里如期举行，"冷溪近卫团"[①]演奏了音乐。

这次危机公关确实很奏效。谁料几周之后，河水再度涌入隧道并很快溢满，小布鲁内尔被湍急的河水冲到了现在的威平地铁站才浮出地面。他死里逃生，但有两个人溺亡。布鲁内尔父子已身无分文，而隧道工程只进行了一半。好在英国政府介入了工程，父子二人的工作才迎来了转机。

他们最终完成了隧道工程。1843 年 1 月 27 日，年轻的维多利亚女王亲自出席隧道开通仪式，并将马克·布鲁内尔封为爵士。当天有大约五万伦敦人排队通过了隧道，女王还见到了第一个通过隧道的人。然而纳税人的慷慨却止步于此，由于缺乏资金，用于马车通行的螺旋形坡道没有建成，隧道最终成了一条步行通道，公众之前的热情也迅速消退。

隧道很快被拦路抢劫者和妓女占据，政府还曾短暂考虑过把它转化为一条下水道。后来，伦敦地铁公司接管了这条隧道，将它用于所属东伦敦线，它才得到了应有的重视。作为伦敦地铁网络中最古老的一部分，隧道直到 2007 年还在运行。现在，布鲁内尔父子设计的独特的马蹄形隧道大部分依然保存完好，并成为 2007 年开始运行的伦敦地上铁路网的一部分。

---

① 冷溪近卫团（The Coldstream Guards）：英国陆军近卫师和皇室近卫师的一部分，是英国正规军中历史最为悠久的团，1650 年由乔治·蒙克将军创建于苏格兰的冷溪。目前第一营在温莎城堡、白金汉宫、圣詹姆斯宫和伦敦塔担任礼仪警卫。（译注）

# 63. 威斯敏斯特宫

威斯敏斯特桥路，SW1

威斯敏斯特宫是由奥古斯都·威尔比·诺斯摩尔·普金设计的，对于自己最负盛名的杰作，他曾经做过这样的描述："完全的古希腊式建筑，主体结构采用古典主义，细节体现了都铎风格。"但事实上，他与查尔斯·巴里合作设计的威斯敏斯特宫可能是伦敦乃至整个英国典型的维多利亚风格建筑。

1834 年，上议院下方的火炉因不慎添加过量柴火而引发了一场大火，致使位于英国政府心脏地带一个有近三百年历史的综合建筑毁于一旦。火灾之后，因各个辩论厅面积很小，只占整个议会大厦的一小部分，故上、下议院及数百间办公室和委员会会议室急需另安新家。

于是，一场重建威斯敏斯特宫的设计竞赛拉开了帷幕，多达 97 人参与了角逐，其中不乏许多设计风格迥异的业界翘楚。尚未受封爵士的巴里最终折桂。相比于当时风行一时的哥特式风格，巴里对古典主义建筑风格更为擅长。他邀请年轻的普金合作设计。普金十分精通哥特式风格，曾为他父亲的许多著作添加过这种风格建筑的插图。

两人从 1840—1852 年的合作堪称完美。年纪更大的巴里以其精湛的专业技术设计了建筑的外形和主体框架。普金则负责建筑的整体效果以及对体现整体效果至关重要的装饰。不幸的是，普金在 40 岁时精神失常，英年早逝。

毫无疑问，如果没有巴里精湛的专业技术和高超的交际手段，就不会有威斯敏斯特宫，但如今普金的设计却备受关注。人们相信，正是普金的工作使威斯敏斯特宫受到了国会职员和游客的钟爱。生于布鲁姆斯伯里的普金对古雅物品情有独钟，宫殿的每一个装饰面层都经过他的精心设计，华美丰富的细节已成为难以超越的经典。

普金为大部分装饰面层设计了他自创的哥特式复兴风格，然而，让这种风格体现于每个垂直面层和水平面层，以及门、窗、家具、壁炉、书柜等，差点要了他的命。他曾说"这辈子再也不会给巴里先生如此卖命了"。从地面铺砖、墙面嵌板、玻璃着色、挑选墙纸和钟，哪怕是墨水池，他都坚持凡事亲力亲为，殚精竭虑，精神处于濒临崩溃的边缘。

普金最终将自己设计的伊丽莎白塔图纸交到了巴里手上，这差不多是在他精神失常之前最后的正常行为。伊丽莎白塔是现在的官方名称，但它以"大本钟"之称而闻名于世，实际上"大本钟"是人们对悬挂于威斯敏斯特宫内一座最大的钟的昵称。巴里最终因设计威斯敏斯特宫而受封爵士，不过，现在这座宫殿最让人惊叹的部分却是普金的杰作，这样说也许更为公平。

# 64. 阿尔伯特城

## 展览路，SW7

肯辛顿花园的礼仪性入口是几个名为科尔布鲁克代尔的门，是 1851 年万国博览会幸存至今为数不多的遗迹之一。每个门都造型独特，技术精湛，高达 60 英尺，在什罗普郡的铁桥镇①整体浇铸而成，铸成后矗立在水晶宫北耳堂的入口处，博览会闭幕后被搬迁至肯辛顿花园。

1851 年的这场声势浩大、享誉全球的华丽展览会本有可能消失得一干二净，但事实上，在南肯辛顿昵称为"阿尔伯特城"的地区却保留了大量纪念物，今天看来真让人啧啧称奇。顾名思义，"阿尔伯特城"得名于维多利亚女王的丈夫阿尔伯特亲王。修建阿尔伯特城及水晶宫的动力主要来自于他。万国博览会共吸引了六百多万游客，相

---

①　铁桥镇：位于英格兰西部什罗普郡（Shropshire）铁桥峡（Ironbridge Gorge）中心，被誉为"工业革命诞生地"。1709 年，亚伯拉罕·达比（Abraham Darby）在这里完善了熔炼铁矿石的技艺，使大规模冶炼生铁成为可能。他的儿子亚伯拉罕·达比二世发明了一种生产铁梁的新型锻造工艺，孙子亚伯拉罕·达比三世在 1779 年建成了世界上第一座铸铁桥，桥身长 30 米，铁桥镇因此而得名。（译注）

当于当时英国人口总和。具有远见卓识、精力充沛的阿尔伯特亲王力主用游客带来的利润创造价值更恒久的东西。

他尤其希望能在海德公园门和肯辛顿戈尔①南面留出一片艺术、科学和教育事业区域，用于修建博物馆、音乐厅、报告厅和图书馆等文化机构。可是，就像他本人一样，他的想法也不是很受欢迎。其实，"阿尔伯特城"这个名字最初含有讽刺意味。不过，他手握 18.6 万英镑的博览会利润，有足够的资源去设立一个宏伟目标，最终取得了卓越的成果。必须承认，这些独一无二的维多利亚时代的成果，为社会进步和技术发展做出了贡献。

阿尔伯特亲王为我们留下大量文化遗产，包括几个世界知名文化机构，如帝国理工学院、自然历史博物馆、维多利亚与阿尔伯特博物馆、皇家阿尔伯特音乐厅、皇家地理学会，以及皇家艺术学院与皇家音乐学院等。他建立的文化机构中，许多学院已与更大的文化机构进行了合并，或者被兼并。而曾经辉煌一时的大英帝国研究院，如今只剩下由托马斯·爱德华·卡尔卡特（萨沃依酒店设计者）设计的近 300 英尺高的钟楼。即便如此，当阿尔伯特亲王从自己的纪念碑上俯视这一切时，他应该会有充分的理由感到自豪。

我们今天能取得这样的成就吗？几乎是不可能的。原因多种多样，不过从某种意义上说，这并不重要，因为我们现在仍在享用阿尔伯特亲王的"遗产"，从中获益良多。历经 150 多年的时代变迁，他缔造的文化机构依然保持着卓越风姿，委实让人感到庆幸。

# 65. 水晶宫台阶

希德纳姆山，SE19

万国博览会闭幕时，约瑟夫·帕克斯顿建造的巨大的玻璃暖房水晶宫被搬到了伦敦东南部一座芳草萋萋的山上。不过，就像一个半世纪后

---

① 海德公园门和肯辛顿戈尔是海德公园南侧的两条大道的昵称。（译注）

的"千禧穹顶"①一样，水晶宫也一度要努力寻求存在的价值，而接手它的第一家公司的破产一时间引起了人们对它的广泛关注。

在搬迁后大约 80 年时间里，水晶宫一直矗立在一座占地 200 英亩的公园的中心。那座公园里还建有几座花园、一个可以划船的湖、一个动物园、运动设施，以及 29 个实物大小的恐龙模型。恐龙由雕刻家本杰明·沃特豪斯·霍金斯用砖块和灰泥制作而成，现在看起来模样古怪有趣。恐龙模型体现了解剖学教授理查德·欧文对恐龙的认知。欧文是本杰明雕刻恐龙的主要顾问，正是他创造了"恐龙"一词，意为"可怕的蜥蜴"。

恐龙模型幸存至今，最近经过修复后看起来栩栩如生。可是，气势宏伟的水晶宫却被 1936 年 11 月的一场大火吞噬，只剩下通往柱基的几级台阶。也许最让人欣慰的是，站在这些台阶上，还有可能感受它的庞大的规模。它是一座比纳尔逊纪念柱还要高的建筑，占地 19 英亩，需要 9 万平方英尺特制平板玻璃，由 5000 多名工人施工建成。毋庸讳言，只有维多利亚时代的人才有可能建成这样一个建筑，也不会介意把它搬到希德纳姆山上去。

# 66. 皇家兵工厂

## 伍尔维奇区，SE18

皇家兵工厂曾是世界最大的军械建筑群，它的历史可追溯到 17 世纪 70 年代修建的一个军械储存仓库。19 世纪 50 年代备战克里米亚战争期间，这个位于伦敦郊区的军事基地经过扩建后，成了维多利亚时代大英帝国强权的真正引擎之一。

17 世纪最初建造的军械仓库占地仅 30 余英亩，但随着后来增建

---

① 千禧穹顶（the Millennium Dome）：简称穹顶（the Dome），位于泰晤士河格林威治半岛上，是英国为庆祝千禧年而建的建筑之一，也是世界上最大的展览会馆之一，2000 年曾举办"千禧感受"博览会，现已改造为 O2 体育馆。（译注）

了研制新型炸药和弹药的"皇家实验室"和生产枪支的"皇家黄铜铸造厂"，这一区域与英国殖民扩张的步伐保持了一致。它的占地面积最终达到了 1500 多英亩，巅峰时期雇用的男女工人数量惊人，达八万之多。

皇家兵工厂附近有对皇家海军意义重大的伍尔维奇海军工厂、皇家陆军学校和皇家炮兵团的军营，因此保障这片区域的安全显得至关重要。18 世纪晚期，囚犯们被征调来此修建了一堵长达 2.5 英里的围墙，围墙某些地方高达 20 英尺。维多利亚时代，围墙得到了加固和扩建。但直到最近，兵工厂所在的整个区域在伦敦街道名称指南上还是一片空白。

围墙大多幸存至今，便于参观。现在，大段的围墙仍包围着皇家兵工厂。1994 年，最后一批军事人员撤离。随后几年，一些乔治时代和维多利亚时代保存最完好的建筑被用作博物馆以及商业和住宅区用地。这些建筑物的存在，能让我们清晰地感受到兵工厂曾经是多么庞大。例如，军营正面长达 1060 英尺，是那几十年伦敦宽度最宽的建筑。需要指出的是，位于伍尔维奇的皇家兵工厂只是伦敦附近三处皇家兵工厂之一，另外两处兵工厂分别位于沃尔瑟姆修道院镇和伦敦恩菲尔德自治市。这一点会强化我们的认知——建立和维护庞大的英帝国，需要大量技术和枪支弹药做后盾。

# 67. 第一个公共饮水设施

## 霍尔本高架桥街，EC1

伦敦最古老的公共饮用水设施于 1859 年被安装在圣墓大教堂庭院的边墙上，位于吉尔特斯伯哨所（见第七章）的拐角处。

　　到维多利亚时代，首都水源遭到生活污水和商业垃圾的严重污染已长达几百年时间。对于伦敦穷人来说，啤酒这种无菌饮料成了最安全的选择。为应对这一严峻问题，塞缪尔·格尼议员成立了城市公共饮水协会。格尼是一名乐善好施的贵格会教徒，也是银行业巨头格尼家族的后裔。

　　随着 1854 年霍乱疫情暴发，格尼更倾向于把新饮水设施安装在离酒馆尽可能近的地方，这是非常明智的选择。第一家公共饮水设施安装在高架桥酒馆附近，于 1859 年 4 月 21 日正式向民众开放，很快地，每天就有多达 7000 人饮用。不过，城市公共饮水协会这个慈善组织始终未筹集到足够的捐款，后改名为城市饮用水井与牲畜饮水槽协会。

　　1896 年，格尼银行与巴克莱银行①合并。依靠自己家族银行的资源，格尼决定独立承担安装饮水设施的费用。终其一生，他安装了 80 多处供人饮用水的设施和牲畜饮水槽。有两处制作比较精美的饮水设施幸存至今，分别位于芬斯伯里广场和新桥街，但铁链上拴着喝水杯子的第一处饮用水设施②具有更重要的历史意义。

---

　　①　巴克莱银行：成立于 1690 年，总部设在伦敦，是英国最古老的银行，也是全世界第一家拥有自动柜员机的银行，于 1966 年发行了全英第一张信用卡，1987 年发行了全英第一张借记卡。截至 2013 年，巴克莱银行的全球雇员达到 14 万人，为全球第七大银行，在英国是位于汇丰银行之后的第二大银行。（译注）

　　②　最早的公共饮水设施上面装一条铁链，系着几个水杯，这样，想喝水的人便可以直接饮用。（译注）

# 68. 帕丁顿火车站

## 普里街，W2

铁路是维多利亚时代技术进步驱动力的标志。帕丁顿火车站作为伦敦大型终点站之一，最有资格得到游客青睐。

从建筑特色来看，它没有圣潘克拉斯火车站独特的外形和气质。圣潘克拉斯火车站拥有高耸的哥特式垂直结构和新潮的香槟酒吧。它也丝毫没有滑铁卢火车站的浪漫。滑铁卢火车站的大钟下方历来是情侣或其他人相约见面的地方。但它和伦敦中心区域其他棚状火车站不一样，它在全新型铁路发展历程中扮演了至关重要的角色，因为它改变了伦敦的面貌，引发了全世界的争相模仿。

如今我们看到的帕丁顿火车站是由伟大的建筑先驱伊萨姆巴德·金德姆·布鲁内尔于 19 世纪 50 年代所设计的，此时大西部铁路公司使用车站原址已逾二十年。1863 年，在一种全新的铁路服务模式下，帕丁顿火车站开往伦敦城的火车从地上行驶改为地下行驶。试行地下铁路网的想法并非出自某位工程师，而是出自伦敦城政府部门的法定代表律师——查尔斯·皮尔森（1794—1862）。

皮尔森早在 1845 年提出建造一条"拱廊式铁路"，这条铁路沿着弗利特河旧河床铺设，首站设在法灵顿，在国王十字修建一个新终点站。皮尔森设想每天会有 25 万乘客乘坐这种"有充分照明和通风设施的大型八轨铁路"。他希望这种"发车频率高、准点且经济实惠的伦敦城与郊区之间的城际交通方式"能够缓解伦敦早就拥堵不堪的交通状况。

皮尔森最终没有选择国王十字，而是选择了帕丁顿作为终点站。不幸的是，他在项目实施几个月前去世了，但他提出在街道下方几英尺处挖掘浅隧道的计划得到了采纳。因为当时的隧道挖掘技术有限，因而第一条真正意义上的深层地铁是在三十年之后才出现的。

对于修建世界上第一条地下铁路不乏反对的声音。一位持强烈反对意见的牧师曾公开告诫在伦敦挖掘地下隧道会惊扰恶魔。幽默讽刺漫画周刊《潘奇》将地铁贬称为"下水道铁路"。但自 1863 年 1 月 10 日正式开通不久之后，当每天约 3.8 万名乘客挤进蒸汽机牵引的木制地铁车厢上下班时，它的成功似乎已不言而喻了。

新的铁路服务系统叫作"大都会铁路"，对全世界铁路交通产生了重大影响，世界各大城市纷纷仿效，有几个城市的地铁至今还以大都会铁路而命名，其中最著名的是"巴黎大都会铁路"。令人称奇的是，150 多年后，驶入布鲁内尔设计的各大终点站的都市线、环线、区域线和汉默史密斯与伦敦城线至今还在使用查尔斯·皮尔森设想的那种地铁站和隧道。这有助于我们理解为什么与中央线、银禧线和北线相比，这几条线路的照明和通风更充分。

# 69. 三位一体浮标码头灯塔

三位一体浮标码头，E14

三位一体浮标码头灯塔是维多利亚时代致力于新技术的又一力证。它是伦敦现在唯一的灯塔，是古老的三位一体教会公司①获得英格兰所有灯塔和航标管辖权几年之后于 1864 年建造的。谁能想到伦敦竟会

---

① 三位一体教会公司：指管理英格兰浮标、灯塔等的领港机构，又译为英格兰领港公会。（译注）

有如此一座灯塔？！

　　顾名思义，三位一体浮标码头就是过去很多年来三位一体教会公司存放泰晤士河浮标和维修灯塔船的地方。至今还有一艘灯塔船停泊于此，已被改造为录音工作室。码头上现存的灯塔是该码头修建的第二座灯塔，由著名的埃迪斯通灯塔设计者詹姆斯·道格拉斯爵士设计。它当时并未用于协助导航，而用作航标灯设施实验和测试场所，还用来培训新灯塔守护员。

　　曾经使用过这些实验与测试设施的人当中，就有世界科学史上举足轻重的科学家迈克尔·法拉第。他兴趣广泛，包括设计和建造灯塔。他出生于伦敦萨瑟克大象城堡区，所受教育几乎完全靠自学，还曾为汉弗莱·戴维爵士当过仆人，那时没人看好他会步入上层社会。他的成功是早期精英管理制度的典范，但这在当时的伦敦只是凤毛麟角。

# 70. 莱登豪尔市场

### 恩典教堂街，EC2

莱登豪尔市场最早形成于 14 世纪 70 年代，现在的莱登豪尔市场建筑是一个 1881 年建造的玻璃与铸铁结构的瑰宝。莱登豪尔市场当时允许不是城内居民的"外地人"给伦敦人出售家禽，后来还允许出售奶制品和其他产品。随着市场迅速扩大，特别是在伦敦大火之后，这里销售的不仅有食物，还有皮革、羊毛等农副产品。

　　20 世纪 90 年代，市场的鹅卵石道路、装饰精美的铁制建筑结构（现为英国二级保护建筑），以及贺拉斯·琼斯爵士设计的绿、紫红、奶油色相间的其他市场建筑都得到了彻底修复。琼斯还设计了伦敦城另两处具有重要历史意义的市场，即史密斯菲尔德市场和比林斯门市场。莱登豪尔市场有风格各异的酒吧和餐馆，还有许多专卖店和奢侈品店，是很受伦敦城职员和游客青睐的聚会之地。不无巧合的是，根据现在的了解，这里最早曾是伦底纽姆社会与地理中心古罗马城市广场所在地。

# 71. 开膛手杰克的第一起谋杀案

## 都沃德街，E1

没有哪个连环杀手会比开膛手杰克更能激发人们的想象力，可以说，他是一个前无古人后无来者的杀手。这么说有点匪夷所思，因为他绝对不是伦敦作案最多的凶手。不过，假如能目睹杰克的那些骇人听闻的谋杀案发地点，找到一些与 1888 年案发现场相似的东西，就不难理解为什么人们会对他产生如此浓厚的兴趣。

事实上，由于街道修建和重建的无限循环，如今的游客已没有机会感受 19 世纪白教堂区那略有点危险的不祥气氛。这一区域的某些偏僻地点依然保持着原貌，其中就有玛莎·塔布拉姆谋杀案现场——刚瑟普街，这起恐怖的谋杀案是开膛手疯狂作案时期所犯的罪行，但官方从未正式认定凶手就是神秘莫测的杰克。开膛手杰克案的业余爱好者们企图找到杰克捕杀猎物的那些普通公寓楼，但仅找到几栋办公楼，还曾找到一个多层停车场。

都沃德街一所老寄宿制学校前面有一个垃圾场，现在也许是最有可能了解开膛手杰克的地方。1888 年 8 月 31 日凌晨，这里发现了 41 岁的妓女玛丽·安·尼克尔斯的尸体，如今这一地方已看不出什么异样，不过当时也并无异样。当然，在发现残缺不全的尸体后，人们一想到无名凶手在白教堂区各条街道上逍遥法外，恐慌情绪一度在这个区域蔓延。

不到两周，发现了另一具尸体。几周之后，又相继发现了两具尸体。不难想象，人们的恐慌情绪急剧扩大。发现第五具尸体时，开膛手杰克和他的作案方式已经在伦敦东区几乎家喻户晓了。如今，比起他到底杀害了几名妇女以及他作案时如何凶残，人们更感兴趣的是他居然从未被抓住，以及他的身份至今依然是谜这个事实。而且，不像其他有案可查的连环杀手，他开始疯狂杀人和最后收手似乎都毫无征兆，令人费解。

# 72. 公共厕所

## 弗利街，W1

公共厕所绝对不是维多利亚时代的发明，它最早由罗马人引入伦底纽姆。据说亨利三世曾花费 11 英镑在伦敦桥附近修建了这么一个设施。伦敦现存最早的公共厕所应当建于维多利亚时代。当时，约瑟夫·巴扎盖特爵士刚刚建成了规模宏大的新下水道系统，公共厕所适逢其时地利用了新下水道系统，也为 19 世纪的城市规划和基础设施建设树立了典范。

伦敦中心偏西区（WC2）的星场街有一个罕见的带装饰的绿漆铸铁路边小便所，被列为英国二级保护建筑，已于 20 世纪 80 年代中期停止使用。它显然更像巴黎人使用的小便所，而不是人们以为可以在伦敦找得到的那种厕所。然而，随着社会文明程度的提高，大部分维多利亚时代的厕所都被埋在了道路下面。

幸存的公共厕所大都遭到弃用，但还有许多找到了令人惊讶的新用途。几年前政府制订了多个计划，把肯宁顿的一处公共厕所改造成了美术馆。水晶宫的一处公共厕所已被一位建筑师改建成时尚的地下公寓，还带有一个小型私人花园。1890 年费兹洛维亚区的一处公共厕所已被改造成一家漂亮的极简主义风格咖啡馆。在皇冠与王权酒吧附近人行道下的一间长期闲置的公共厕所里，小便池经过仔细清洗，擦得锃亮，被巧妙地改装成了私人早餐卡座，这是一个 10 万英镑创意项目的一部分。

# 第九章
# 爱德华时代①与第一次世界大战前的伦敦

**爱**德华时代的伦敦在许多方面沿袭了维多利亚时代的传统，不过，伦敦在这一时期提倡新的发展形式，并且痴迷于现代性和汽车之类的新技术成果。在维多利亚时代，铁路时代的到来加速了伦敦的发展；而在爱德华时代，地铁逐渐将这个肆意扩展的大都会连为一体。在维多利亚时代，开发商们只需认清泾渭分明的社会结构，一心只为富人和中产阶级修建房屋即可；而在爱德华时代，乌托邦式的城市规划者们却着手试验第一批真正的混合社区。同样，在维多利亚时代的几十年时间里，建筑风格的选择只局限于古典主义或哥特式，而在爱德华时代，旧传统逐渐遭到摈弃，大量新风格和理念崭露头角。

## 73. 黑衣修士酒吧

### 维多利亚女王街，EC4

19 世纪，就在古典建筑风格和哥特式复兴风格互争雄长之时，另一种新建筑形式开始蓬勃兴起，那就是艺术与手工艺运动②。小小的黑衣

---

① 爱德华时代（Edwardian Era 或 Edwardian Period）：爱德华七世短暂统治英国的时期（1901—1910）。（译注）

② 艺术与手工艺运动（The Arts and Crafts Movement）：19 世纪后期英国出现的设计改革运动，提倡用手工艺生产表现自然材料，以改革传统形式，反对粗制滥造的机器产品。在建筑上主张建造"田园式"住宅来摆脱古典建筑的束缚。（译注）

修士酒吧位于伦敦城边缘一个喧闹的狭窄区域，河水、马路与铁路在此交汇，它完美演绎了这种新建筑形式。

由于约翰·本杰明爵士领导的抗议活动，黑衣修士酒吧在 20 世纪 60 年代侥幸逃脱了被拆除的命运。它的历史可以追溯到 19 世纪晚期，但如今我们看到的极富创意的楔形外观是典型的爱德华时代的设计，由亨利·普尔等人于 1903 年设计，采用了独特的镶嵌式装饰，酒吧角门上方立着一名黑衣修士的雕像，寓意老黑衣修士修道院曾屹立于此。

酒吧一楼内饰由赫伯特·富勒·克拉克于两年后设计完成。他的设计赏心悦目，想象力丰富。酒吧内多色大理石配以多种马赛克图案、各色铜饰和精美的火篮①。酒馆四周墙上饰以复杂的浮雕，画面中心情愉悦的修士们唱着圣歌。也许这天是星期五，他们在收集鱼和鳝、煮鸡蛋。石质墙面上雕刻着一些貌似与宗教有关的传统形象和奇奇怪怪的标语，如"装饰就是干蠢事""欲速则不达""勤勉就是一切""好东西往往炙手可热"等，让人不免对过去浮想联翩。想一想也真不可思议，如此奇妙的地方居然曾经被确定为拆除对象！

———————————

① 火篮：指壁炉架，一般由各种颜色的大理石、铸铁、精良的红木或蔷薇木制成。（译注）

# 74. 汉普斯特德花园郊区

## NW11

汉普斯特德花园郊区是亨利六世赐给伊顿公学的土地，它展示了一种乌托邦式郊区规划的早期实践。汉普斯特德花园郊区规划是 1906 年慈善家亨丽埃塔·巴内特夫人的创意，在当时被称作"绿色黄金计划"。现在看来，她的构想是建造一个富人、穷人和知识分子杂居的混合式社区。

巴内特夫人招募了一些人来完成这个计划，但她招募的有些人对她持有异议，比如建筑师埃德温·路特恩斯爵士就认为她人虽不错，却是一个骄傲自大、没有文化修养的外行。不过，有些人，特别是曾负责设计莱奇沃思花园城的雷蒙德·昂温和巴里·帕克尔就认为她很有个人魅力，他们的想法在许多方面和她的构想不谋而合。

昂温和帕克尔大体采用了 17 世纪的各种简约建筑风格，这使得汉普斯特德花园郊区的房子如今在伦敦西北地区炙手可热。他们的设计非常富有想象力，街道和死巷两旁绿树成荫，房屋每几个形成一组，一改以往相互连接、成排而建的布局。街道规划保留了景观周围道路的自然面貌，而没有简单地铺设千篇一律的砖块和柏油碎石路面。

为和最初的计划保持一致，社区为居民提供了一种组合住房模式，有手工业从业者们居住的公寓楼，也有中间阶层居住的乡间别墅和富人居住的豪宅。社区还为老年人和工薪女性提供专门住处。这是一种非常先进的理念，不过，不出所料，设计者们希望的那种混合居住模式并没有完全实现，尤其需要指出的是，在这个乌托邦式社区，豪宅占据着最好的地段，这就意味着富有的居民大都居住在社区南边靠近广阔的汉普斯特德荒原的地方。那时如此，现在亦如此。

# 75. 罗素广场地铁站

伯纳德街，WC1

伦敦地铁的突出特征之一就在于它将这个由数个卫星城组成的庞大而多元的移民城市连为了一体。令人称奇的是，至今还有许多伦敦人在驾车、乘公交，甚至步行穿行伦敦时，会想象着使用哈利·贝克设计的举世闻名的地铁图为自己导航。

作为世界上第一个地下铁路系统，伦敦地铁当时从未被视作一个单一实体。直到 20 世纪 30 年代，各条地铁线路的所有权还属于不同的私有制公司，依照不同的规章制度来运营。

早期的任何大佬都不可能产生取代对手而独立拥有和运营整个地铁网络的想法，不过，有些眼光更长远的人意识到统一的地铁系统将会带来巨大利益，同时也意识到通过一定的公司品牌战略就能达到这一目标。

海盗式美国资本家查尔斯·泰森·耶基斯便是这样一个人。他之所以让人记住，就是因为他的那套非常卑鄙的营销模式，即"收购废旧货，稍作修理，再卖给别人"。但在那个时代，他的想法确实有一定的高明之处。他旗下拥有几家地铁公司，即今天的皮卡迪利线、贝克卢线和北线。聘请设计师莱斯利·格林为这几家公司设计一系列新地铁站便是他早期的妙招。

耶基斯计划新地铁线和车站采用连贯的设计主题，他要求格林在设计上不受拘泥，独树一帜，最重要的是，"要完全能与竞争对手伦敦中央铁路公司最好的地铁站相媲美"。年仅 29 岁的格林统一选择了具有浓郁"艺术与手工艺"色彩的建筑风格。他针对五十多座地铁站的特点对这种风格做了巧妙改变，并使之与爱德华时代最先进的工程技术和施工方式相结合。

与罗素广场地铁站一样，经格林设计修建的地铁站即使现在也具有很高的识别度，这要归功于他为地铁站的门面采用了牛血色釉陶，即采用传统工艺制成的锡釉陶块。门面之后的部分采用了一种新近从美国运来的建筑钢架，坚固而便于组装。事实证明，这两种材质的结合具有很高的成本效益，不仅造价低廉，还易于维护。即便身处最繁华的街道，也能一眼看到它，却又不会感到过于突兀。

钢架结构还为地铁站留出了宽敞而不间断的内部空间（特别适用于售票大厅），也便于对地铁站上方的空间进行建设，或作为办公、住宿场所进行出租，耶基斯因此在很短时间内收回了大部分成本。格林设计的许多地铁站如今仍在使用，充分说明了它们建筑质量上乘，功能完善，也说明他的设计极具创意和智慧。

# 76. 弗瑞思威利花园街

## W12

作为伦敦西区一条普普通通的街道，弗瑞思威利花园街提醒人们想起伦敦首次举办的奥运会。它曾是一个上层社会的日本式花园，也是1908年专门为法兰西–不列颠世界博览会而创建的"白色城市"的唯一幸存部分。

法兰西–不列颠世界博览会是为庆祝1904年签订的《英法协约》①而举办的，吸引了800多万游客前来参观，人数远远超过了1851年著名的万国博览会，但现在法兰西–不列颠世界博览会已差不多被人们遗忘。当时，博览会占地140英亩，建有几处大型水景和花园，以及占地40多英亩的多个白灰泥场馆，白色城市因此而得名。这些建筑物现在统统消失了，取而代之的是韦斯特菲尔德购物中心、住宅和英国广播公司电视中心的剩余建筑。

实际上，那时伦敦并没有永久保留白色城市的计划。要不是当年意大利明显无力主办第四届奥运会，而英国主动提出接替其主办，白色城市也许就不存在了。虽然英国的申请得到了批准，但留给英国准

---

① 《英法协约》：指英国与法兰西第三共和国于1904年4月签订的一系列解决长期存在的殖民与商业问题的协定。（原注）

备的时间过于仓促，于是白色城市被认定为举办奥运会的合理地点。

　　白色城市和一个世纪之后的斯特拉特福德①非常相似，那时的白色城市交通便利，远离市中心，可以防止伦敦因交通过于拥堵而陷于停滞。但是，这里还需要新建一个体育场，而在一个创纪录的短时间内，英国政府仅耗资 6 万英镑便建成了可容纳 6.8 万名观众、带跑道和游泳馆的白色城市体育场。1908 年 4 月，爱德华七世在此宣布奥运会开幕。白色城市体育场一直使用到 20 世纪 80 年代中期，被视为现代体育场的先驱。

# 77. 塞尔弗里奇百货公司

## 牛津街，W1

除了拥有几家伦敦地铁公司的耶基斯，还有一位来伦敦拓展财富的美国人哈里·戈登·塞尔弗里奇，他曾是芝加哥马歇尔·菲尔德百货公司的合伙人，后来开始独立打拼，决意横跨大西洋另辟蹊径。显然，他是为了避免与之前的同事竞争。

　　当然，伦敦同样也有竞争，其时他的同胞威廉·怀特莱和查尔斯·哈德罗已经开始经营小店铺作为起步，循序渐进地拓展生意。不过，塞尔弗里奇却有资本想干一番大事业，他也确实做到了。他得到了韦林与吉洛公司的塞缪尔·韦林的支持，条件是塞尔弗里奇的新店不准许销售家具。在韦林与吉洛公司停止营业很久之后，塞尔弗里奇百货公司还在遵守这一条件。虽然有此条件的限制，但塞尔弗里奇有自己的资源，他从一开始就把这些资源投入了百货公司项目。

　　1909 年，塞尔弗里奇百货公司开业。这是伦敦西区前所未有的一家公司，足足占据了半条牛津街。今天看来，它那浓郁的新古典主义建筑风格似乎是典型的爱德华时代风格，但其实它是美国芝加哥建筑师丹尼尔·本汉姆的手笔。这座宏伟的百货大楼，以数十根巨大的爱

---

　　① 斯特拉特福德：位于伦敦东区，是 2012 年伦敦奥运会的举办地。（译注）

奥尼亚式柱子作为支撑，主入口上方悬挂着一座大钟，还矗立着一个两倍于真人大小的巨大"时间女王"雕像。塞尔弗里奇百货公司大楼与牛津街另一侧杂乱不堪的景象形成了鲜明对比，显示了一位从不怀疑自己会取得成功的商业巨头的强大自信。

塞尔弗里奇有许多奇奇怪怪的想法。他原本计划在塞尔弗里奇百货公司顶部建一座陵墓，但设计师解释说这个计划过于脱离实际，下面的商店可能会因不堪重负而垮塌，他最终不得不放弃了这个计划。他曾想将邦德街地铁站改名为塞尔弗里奇地铁站，对此他十分有把握，所以还打算开凿一条通过乘坐火车直通塞尔弗里奇百货公司的隧道。

但他也是一个精明的商人。他第一个提出"顾客永无错"的口号，第一个将塞尔弗里奇百货公司一楼装饰成出售化妆品的美颜大厅，这一做法还引发了其他公司的争相模仿。时至今日，它的美颜大厅仍是世界上最大的美颜大厅。他还花钱请来发明家约翰·罗杰·贝尔德在塞尔弗里奇百货公司为潜在客户展示贝尔德本人发明的"机械扫描式电视机"。许多伦敦人在塞尔弗里奇百货公司第一次见到了飞机。路易·布莱里奥①驾机飞越大西洋后，他驾驶的单翼飞机就在这里展出，成千上万的人为目睹其真容通宵排队。塞尔弗里奇本人的结局十分凄惨。他是一个挥霍无度的花花公子，最终被踢出了自己公司的董事会，穷困潦倒而死。不过，一百多年后的今天，以他自己的名字冠名的塞尔弗里奇百货公司仍然是真正的伦敦地标。

## 78. 西西里大道

布鲁姆斯伯里街，WC1

小巧的西西里大道和塞尔弗里奇百货公司差不多是同时代的购物场所，不过它们形成了最鲜明的对比。西西里大道于 1905 年开业，是

---

① 路易·布莱里奥（Louis Blériot，1872—1936）：法国发明家、飞机工程师、飞行家，以 1909 年成功完成人类首次驾驶重于空气的飞行器飞越英吉利海峡而闻名。（译注）

继沃本步行街之后布鲁姆斯伯里规划的第二个小型零售商业街。它把南安普敦街与布鲁姆斯伯里街连接起来,这样就在伦敦机动车日益增多的时代,产生了无交通购物模式。

西西里大道也采用古典主义建筑风格,但却一点也不像塞尔弗里奇百货公司的商场那样宏伟高调。它只是一条短短的对角线小道,两端是低矮的柱廊或分界建筑。街道两侧是装修精美的砖块与陶土混合结构的店铺和餐馆,屋顶有角楼,一、二楼以圆柱作为支撑,圆柱之间是巨大的展示橱窗。有人把这种建筑效果描述为活泼有趣,而不是宏伟壮观。欧洲大陆在户外吃喝的习惯花了一个世纪才最终抵达英国,而在伦敦,西西里大道就是让这种习惯显得最为合理的地方。

# 79. 皇家汽车俱乐部

## 蓓尔美尔街,SW1

汽车是 1885 年发明的,伦敦第一家多层停车场于 1901 年在皮卡迪利大街背后的登曼街开业,又过了差不多半个世纪,随着技术最终获胜,最后一辆计程马车才被迫退役。那是一辆四轮马车,行走起来发出轰隆隆的声音,当时停在维多利亚火车站计程车停靠处。后见之明的人可能会说马车退出是唯一的选择,可马毕竟是数百年来的主要交通方式,所以在新发明的汽车刚露面时,汽车的“敌人”和“朋友”一样多。

汽车的“朋友”大多是中产阶级,而贵族阶层则一般顽固保守,穷人连发表意见的机会都没有,更别说拥有一辆自己的车了。早期的汽车使用者爱好交际,他们很早就着手在伦敦建立自己的活动基地。在这里,既可以和志趣相投者聚会,也可以为自己的利益举行活动,享受传播新技术带来的种种福音。

正是出于这种目的,皇家汽车俱乐部于 1911 年在英国陆军部旧址建成,最终成了技术精湛的建筑杰作。它由当时建筑界最负盛名的一对搭档查尔斯·梅维斯和亚瑟·戴维设计,他们擅长将现代建筑的实用和舒适与古典建筑的壮观融为一体。但也有人对选择这样的建筑风格而感到不舒服。皇家汽车俱乐部建成不久，圣詹姆斯街上一些成立更早、更注重交际的几家俱乐部成员便对那些来到蓓尔美尔街的"汽车狂人"怨气冲天。

不管怎么说，皇家汽车俱乐部运用了当时非常先进的技术，配备了最新的豪华设施，如宽敞的地下游泳池（至今仍是伦敦最好的游泳池）、俱乐部专用邮局和打靶场。它的建筑规模如同猛犸象般庞大，占地面积达 1 英亩之多。另外，它还采用了革命性的新型内部钢架结构——当你看到一个 2000 多吨重的钢基体支撑着一块近 230 英尺长的波特兰石，那就是它的门面。

俱乐部大楼的地基深达 60 多英尺，居然挖到了几处乔治时代的垃圾坑和一只真正的猛犸象残骸！大楼的配套设施在伦敦极为罕见，包括电力和液压升降电梯、中央真空吸尘装置及供暖系统、防火地板、空调、含 120 条电话线的通信网络和一周可制 5 吨冰的数台自动制冰机，甚至还有由俱乐部会员克兰普顿设计的电灯。这些电灯与桑德林汉姆庄园为国王安装的电灯十分相似。

如今，在圣詹姆斯的俱乐部区，资深会员们确实还把皇家汽车俱乐部称为"汽车夫之友"，意指它是迄今为止包容性最强的汽车俱乐部。走过这座时尚典雅、气势恢宏的地标性建筑，欣赏着传统工艺与最新技术结合得天衣无缝的设计，你也许会想，相邻的俱乐部一定会嫉妒它的存在吧。

# 80. 伦敦"新航空时代"的到来

## 塔桥，EC3

塔桥建于维多利亚晚期，堪称伦敦过去和现代的完美结合，其修建目的是搭配那座中世纪的堡垒白塔。塔桥的两座主塔内部使用了当时最新颖的一些技术成果。

塔桥曾在一瞬间和某个更先进的机械碰面。1912 年夏天，飞行员弗兰克·麦克莱恩驾驶着肖特兄弟公司生产的水上飞机，在泰晤士河上空飞向这个举世闻名的伦敦地标。

早上 6 点，麦克莱恩从位于肯特郡谢佩岛哈蒂渡口肖特兄弟公司的新工厂起飞。根据 8 月 17 日出版的《飞行》杂志报道，当他靠近伦敦时，"压低了机身，钻过塔桥上下两层之间，向威斯敏斯特方向飞去，途中从另外几座桥下穿过，黑衣修士桥和滑铁卢桥是紧贴水面通过的。他在大约 8 点 30 分到达威斯敏斯特，在威斯敏斯特码头被拉上了岸"。

究竟有多少人目睹了麦克莱恩的飞行表演已无据可查。他在一夜之间变得家喻户晓。他的举动无疑是铤而走险，不过，他的意图却经过了深思熟虑，就是为了向政府展示，如果水上飞机可以在泰晤士河降落，那么为什么就不能在尼罗河或大英帝国的其他地方降落呢？

第二年，麦克莱恩花了三个月时间驾机成功飞到了喀土穆。后来由于第一次世界大战爆发，所有跨洲飞行实验被迫暂停。不过，麦克莱恩的跨洲飞行理念显然是正确的。其他人纷纷仿效，特别是艾伦·科巴姆爵士，他曾驾驶一架单薄的德哈维兰 DH-50 飞机从肯特出发，取道澳大利亚，飞到了威斯敏斯特码头。跨洲飞行的时代很快就来到了。到了 20 世纪 30 年代，帝国航空公司的飞艇已经开辟了从英国定期飞往印度和非洲殖民地的航线。虽然英德第二次战争暂时中断了这些航线，但是这一切足以证明麦克莱恩预言的正确性。

有趣的是，多年后，塔桥再次与新技术碰面。这次它遇到的是喷气机时代技术。1968 年，一位年轻的皇家空军飞行员艾伦·普罗克上尉遭到逮捕，理由是他驾驶"饲鹰猎人"战斗机在国会上空盘旋之后从塔桥的双塔之间穿过。几百个伦敦人对英国皇家空军五十周年庆典上的这一大胆即兴表演兴奋不已，而高级军官们则对此大为恼火。普罗克上尉虽然躲过了冰冷的泰晤士河河水，却被麻烦缠身，最终被勒令退伍。不过今天看来，他必定会因飞越了一座举世闻名的桥而被人们铭记。

# 81. 海军部拱门

特拉法加广场，SW1

海军部拱门由阿斯顿·韦伯爵士设计，是通往白金汉宫的仪仗队行进路线的一部分，巧妙地把特拉法加广场与林荫路①中心线连接起来。它也是一位儿子给母亲的献礼。

儿子为母亲献礼的拉丁文铭文据说是伦敦最大的铭文，内容是："爱德华七世在位十年之际，献给维多利亚女王。最感恩的臣民，1910年。"不过，两年之后海军部拱门竣工时，爱德华已驾崩，帝国的指挥棒已传至其子乔治五世手中。

像位于林荫路远端的维多利亚纪念碑一样，海军部拱门经常被人们忽略，只有在举行皇家礼仪时，才能一瞥其身影。实际上，海军部拱门多年来一直用作政府办公室。最近，这座英国一级保护建筑被租给开发商改造为一家酒店。

# 82. 阿森纳球场②

海布里区，N5

足球在伦敦的历史非常悠久。富勒姆足球俱乐部早在 1879 年就已经存在了，起初只是一个业余教会球队，名叫圣安德鲁斯。19 世纪 80 年代，阿森纳俱乐部（当时叫表盘曲尺俱乐部）从前面提及的伍尔维

---

① 林荫路（the Mall）：伦敦中心绿树成荫的一条道路，位于城中两大著名地标建筑——特拉法加广场和白金汉宫之间，在举行国事活动时用作游行路线。（译注）

② 现在的阿森纳俱乐部球场建成于 2006 年，当年更名为埃米尔球场（Emirates Stadium）。埃米尔是阿森纳俱乐部队员胸前的广告商阿联酋航空（Emirates Air Line）的音译。（译注）

奇皇家兵工厂的工人中招募了球员。俱乐部的外号"枪手"就是这么来的。

阿森纳俱乐部是第一支加入英格兰足球超级联赛的南方球队。1913 年，阿森纳俱乐部跨过泰晤士河，在海布里租了一块场地，租期至 2006 年。场地业主是圣约翰神学院，租约上明确要求圣日期间不能举办任何比赛，不能在球场区域售卖酒精饮料。结果在球队入驻仅几个月后，双方终止了上述两项条款，俱乐部最终直接购买了这块场地。

过去，对于阿森纳的球迷来说，海布里不仅是工人阶级文化殿堂，而且是真正的足球之家。2003 年拆除老温布利球场①后，海布里的地位越发得到认可。从建筑角度来看，阿森纳球场肯定是伦敦最引人注目的运动场地。诚然，就阿森纳球场最著名的建筑而言，把它放在第十章（两次世界大战之间的伦敦）讲也许更合适。可是，要是不提它的最著名的建筑，就不可能描绘出爱德华时代的球场面貌。

这里所说的最著名的建筑是东西两处看台，完工于 20 世纪 30 年代，是装饰艺术风格，建成后很快就和阿森纳别具一格的形象融为了一体。两座看台由克劳德·沃特罗·费里尔和威廉·宾尼设计，现为英国二级保护建筑，都在 2006 年俱乐部迁往新址时得以幸存。温布利球场双塔是和阿森纳球场看台齐名的北伦敦地标性建筑，但相关部门不顾民众的多次抗议将双塔拆毁，而阿森纳球场的两座看台却得到了保护，在俱乐部迁址后被改造为公寓。

---

① 温布利球场：位于伦敦，是英格兰国家队的主场。老温布利球场建于 1923 年，于 2003 年拆除，2007 年新温布利球场建成，可容纳九万观众。（译注）

# 第十章
# 两次世界大战之间的伦敦

**1918** 年，英国付出惨重代价最终战胜了德国的军事攻击。英国在第一次世界大战中的伤亡人数在今天看来仍然非常触目惊心，国家声誉和民族自信也遭到重创。之后的几十年，强大的大英帝国虽迎难而上，继续前行，但《贡比涅森林停战协定》①的签署无疑宣告了一个时代的终结。在一片为老兵建设"英雄之家"的呼声中，和平时期的伦敦好像被撕裂成对立的两极。

政府采取了一些举措来强调昔日的力量和稳固。许多公共建筑——最典型的当属英格兰银行——采用了气势恢宏的大英帝国风格，以此回顾过去的辉煌。其他地方也可以看到改变的痕迹和一种从国外找寻灵感的愿望。电影院和剧院的设计师将创造力发挥到了极致，他们在布里克斯顿火车站和基尔伯恩大道火车站等地方模仿了好莱坞风格，而这些地方原本给人的感觉是不大可能采用这样的风格。还有些建筑师用闪闪发光的现代流线型风格②拥抱机器时代的到来，比如西部大道的胡佛工厂和布鲁姆斯伯里壮观的曲线型戴姆勒租车库。

当然，我们很难用今天的眼光来评判伦敦悠久历史中的这一短暂时期，主要是因为当时无人意识到它们身处两次世界大战之间。毫无疑问，在第一次世界大战刚结束时人们以积极乐观的心态和坚定的决

---

① 《贡比涅森林停战协定》：1918 年 11 月 11 日，协约国与德国在法国贡比涅森林附近签署。该协定的签署标志着第一次世界大战以同盟国的失败而结束。（译注）

② 现代流线型风格（Steamline Moderne）：装饰艺术风格晚期的一种建筑设计形式，出现于 20 世纪 30 年代，这种建筑风格强调弧形与长直线条。（译注）

心准备克服这场恶战带来的后果，但当 20 世纪 30 年代末欧洲再一次战争阴云密布时，伦敦人开始放低姿态，保持低调。

# 83. 贝肯翠住宅区

## 巴金-达格南自治市，RM8

大卫·劳合·乔治①不可能创造出"英雄之家"这个词，但他从不放弃任何一个有用的拉选票口号。当肢体残缺、心灰意冷、面色蜡黄的退役军人从佛兰德斯和其他地方涌入伦敦时，正是这个威尔士人承诺会改变他们的命运。

贝肯翠住宅区计划是由伦敦郡议会于 1921 年提出的公共住房计划，是最早兑现上述承诺的举措之一。在将近一百年后，这个大得惊人的建筑计划仍然是世界上最大的公共住房计划之一。住宅区拥有 2.7 万多所房屋，10 万人口，英格兰因此多出了一些小城市。

贝肯翠住宅区计划其实是社会管理的一次实践，对伦敦产生了深远的影响，为后来的几个计划（如 20 世纪五六十年代的"新城市"计划）提供了蓝图。这些计划腾空了大部分城内区域，从而带动了周边地区的发展。现在看来，当时的做法非常容易理解和实现，因为大部分成年人都驾车，而在当时，这是一种非常激进的举措。

当时，对此类计划不乏争议，但也有颇多值得推荐的亮点。贝肯翠住宅区计划瓦解甚至摧毁了这片区域中的所有社区，却并未规划一个真正的"心脏"或者"市中心"。不过，贫民窟清除工作拖延已久，通过这个计划实施清除确实势在必行。这个区域原来修建的许多房屋造价低廉，冬天寒冷，但贝肯翠住宅区建成后，住户有花园为伴、室内卫生设施齐全，伦敦东区的工人阶级之前从未享受过如此待遇。

---

① 大卫·劳合·乔治（David Lloyd George）：1916—1922 年担任英国首相，1926—1931 年任自由党党魁。（译注）

# 84. 乔治五世码头

## 北伍尔维奇，E16

自从大约两千年前第一座罗马码头建成后，伦敦在长达几百年时间里一直占据着英国贸易的统治性地位。在 18、19 世纪的大部分时期，伦敦是世界上吞吐量最大的港口。直至 20 世纪 70 年代，它仍然是英国的一座重要港口。

伦敦码头区的规模可以从那一时期犯罪的数量来进行判断。18 世纪前，停泊在泰晤士河上的船只估计每年至少有价值 50 万英镑的货物被盗，轮船公司每次托运的货物中可能有一半以上遗失，伦敦有关部门认定三分之一的码头工人有行窃或是收受赃物的行为。

那时多达 10 万伦敦人被认定有过某种犯罪行为，码头区的犯罪更为猖獗，所以英国第一个警察署设立于此处，这绝不是巧合。英国海洋警察队成立于 1798 年，比普通警察早 30 多年。较晚建立的码头周围高墙林立（圣凯瑟琳码头区至今还有一些高墙遗址），就是出于预防偷盗货物的考虑。船坞公司专门为工人设计了无兜工服，也是因为这种服装不易藏匿货物。

水面船只的拥挤使伦敦码头区的情况雪上加霜。每年有多达 6 万多只船只在此卸载货物，两岸的码头密密匝匝，一个紧挨着一个，有时多达 8000 只船只排队数周之久等待卸货。为了改善这种极其糟糕的局面，同时扩大伦敦的船只容量，在码头区东面新开挖了一系列封闭式码头。

1908 年，伦敦港务局成立，管理伦敦塔到蒂尔伯里港之间的航运。在此之前，码头一直由私人建造和经营。新建码头规模宏大，1921 年竣工的乔治五世码头是最后建成的一座，占地 64 英亩，现在是伦敦城市机场所在地。

乔治五世码头与皇家阿尔伯特码头及皇家维多利亚码头可谓伦敦航运全盛期的代表，那时的伦敦依然是全球闻名的"世界工厂"。这些皇家码头占据了塔桥以东 250 英亩的作工水域，延伸长达 10 多英里。1939 年前，三大码头合起来使伦敦港每年吞吐的货物量达到了不可思议的 6000 万吨，足有英国贸易量的三分之一强。第二次世界大战中东伦敦特别是三大码头遭到狂轰滥炸，原因就在于此。

# 85. 第二代红色电话亭

## 皮卡迪利区，伯林顿府，W1

红色电话亭是 20 世纪城市基础设施的重要组成部分，现在和"路线大师"①一样显得多余。"路线大师"作为一个城市符号，备受人们喜欢。据报道，按照"路线大师"的样子制造的伦敦"新巴士"已经面世。红色电话亭虽显多余，但它和"路线大师"、塔桥以及传统的黑色的士一样，依然为前来伦敦的游客所熟知。

红色电话亭的发展已历经数代。说来奇怪，第一代红色电话亭在伦敦街头已无迹可寻，原因是 1920 年首次引入时，它的设计遭到了有关部门的反对。不过，建造红色电话亭是一个很好的理念，而且确实有这方面的需求。为设计更美观的电话亭，皇家艺术委员会主办了一次设计竞赛。约翰·索恩爵士博物馆的董事、建筑师贾尔斯·吉尔伯特·斯科特爵士最终折桂。值得注意的是，他的设计胜在圆形截面顶，在外形上类似于圣潘克勒斯老教堂约翰·索恩墓的圆顶。

自 1926 年开始，首批第二代红色电话亭为木制，计划放置在有遮蔽的地方（如伯林顿府）。对于不能挡风遮雨的地方，斯科特建议采用软钢作为制作材料，外表漆柔和的银色，内部漆灰绿色，但邮政总局却支持使用铸铁，并且坚持外表漆红色使其更显眼。

遗憾的是，铸铁电话亭非常沉重，成本高昂，因此第二代电话亭只保留在伦敦，而英国其他地方则设计了成本低廉的第六代电话亭。这两代电话亭无疑都是英国工业设计的经典之作，不过第二代电话亭为伦敦特有，是经典中之经典，颇受收藏家青睐，价格至少达 1 万英镑，约是它的第六代"兄弟"的三四倍。

---

① 路线大师（Route Master）：指老款伦敦双层巴士。（译注）

# 86. 百老汇 55 号

威斯敏斯特市，SW1

百老汇 55 号是伦敦第一栋钢结构的摩天大楼。这个气势恢宏的装饰艺术风格建筑杰作竣工于 1929 年，是当时伦敦地下电气铁路公司总部和现在的伦敦交通局的前身。建筑师查理·赫尔登采用了"十"字形设计，以此在地面上表现纵横交错的都市地下线路网的规模、范围和技术创新。

百老汇 55 号高 180 英尺，与大西洋对岸同时代的建筑相比，它相形见绌（纽约市的克莱斯勒大厦的高度是它的六倍），然而这个高度在当时的伦敦却是一个极其大胆的尝试。由于伦敦消防队的反对，直至 20 世纪 40 年代末，它的很多楼层仍然闲置。消防队指挥员们强调说，一旦发生火灾，他们没有够得着中塔最高处几层楼的长梯。

虽然用波特兰石装饰门面是一种传统选择，但大西洋彼岸"爵士时代"对大楼设计的影响还是一目了然。在爱德华时代的建筑品位和皇家品位仍风靡伦敦的最后几年，这种设计象征着某种勇敢的背离。这一时期大量犹太移民艺术家涌入伦敦，造成伦敦人口激增，雅各布·艾普斯登就是移民大潮中的一员。他为大楼设计的装饰性雕塑作品一时饱受争议。在伦敦，艺术观念领先于大众品位的事早有先例，艾普斯登的作品遭到了抗议，二楼的两个裸体人物石雕作品被悄然移除。

# 87. "今日无新闻"

河岸街，萨沃伊山，WC2

1930 年 4 月 18 日下午 6 点 30 分，在萨沃伊山英国广播公司的播音室里，一位播音员郑重播报当日无新闻可报道。那天是复活节前的星期五，听众们应邀聆听钢琴演奏来填补这段时间的空白。

当时英国广播公司刚刚起步，与今日的业界巨头相比，它的新闻素材明显不足。它占据着河岸街上的一块地方，靠近"冈特的约翰"的中世纪宫殿（见第六章"约克府水门"一节）。各个演播室也比较小，在安装新闻社胶带机之前，大多新闻公报内容仍来自路透社和政府部门，而不是来自于自己公司的员工。

如此枯燥乏味的新闻播报在当时居然被认为并无什么不妥之处，放在现在肯定是一件不可思议的事，但这正折射出当时的伦敦既处于全球性帝国的中心，而又几乎与之完全脱离的实际情况。其实，在此新闻播报的当天，就有很多具有报道价值的新闻，其中一条是孟加拉激进分子发动暴动反对大英帝国统治。激进分子袭击了交通枢纽吉大港的一处重要的兵工厂，数条通信线路被切断。

暴动者最终被数千士兵包围，暴动以失败结束，在平定暴乱的枪战中将近 100 人丧生。那个时期就算真有新闻事件发生，传播速度也很缓慢。因为没有人从现场把这个印度独立道路上迈出的关键一步向伦敦发回报道，英国广播公司才决定播放一点轻音乐。在其后长达数月时间里，公众对此次暴乱仍然毫不知情。

# 88. 伦敦动物园企鹅池

## 摄政公园，NW1

"他是我最好的朋友。他摇苹果树，我捡地上的苹果"，纽约艺术部门的一名官员是第一位如此描述阿道夫·希特勒的人。不光纽约因希特勒迫使犹太人逃亡而受益，其实 20 世纪 30 年代逃离中欧的犹太难民涌入伦敦，也为伦敦增添了巨大的艺术和学术力量。

如果要为涌入伦敦的犹太难民列一份长长的名单，最负盛名的犹太人必然会包括出版商乔治·威登凡德和安德烈·多伊奇、哲学家卡尔·波普尔、经济学家埃里克·霍布斯鲍姆和肯·亚当（也是史诗级大片詹姆斯·邦德系列电影幕后制作人)、议员克雷蒙·弗洛伊德、建筑历史学家尼古拉斯·佩夫斯纳和工作室陶艺家露西·里尔女士。恶棍、无赖当然也是有的,比如黑心房东彼得·拉赫曼和狡猾奸诈、仗势欺人的报纸商罗伯特·麦克斯威尔。不过,也有很多艺术家和建筑师渐渐把这座城市称作家乡,并为它带来更积极的影响。

　　伯特霍尔德·鲁伯特金是最杰出的犹太建筑师之一,他先后在莫斯科、华沙和柏林接受教育,之后移居伦敦,设计了第一批现代派建筑。他创建的泰克顿合股公司在许多开创性的市政工程和安居工程中发挥了重要作用,如伦敦西北部的高点一号和高点二号公寓。在此之前,他已为伦敦动物园设计了一些极具创意的建筑,产生了广泛的影响,其中就有 1934 年建造的企鹅池,现为英国一级保护建筑。

　　企鹅池的设计创意似乎颇为奇特,但伦敦动物园从创建初期就对一流建筑青睐有加,到现在依然如故。伦敦动物园的设计师可谓名家汇集。19 世纪二三十年代,伦敦动物园驻场建筑师是代西玛斯·伯顿爵士,他还设计了摄政公园周围的两处景观——惠灵顿拱门和海德公园入口建筑。在鲁伯特金之后,斯诺顿勋爵设计了著名的鸟园,休·卡森爵士设计了大象馆和犀牛馆。愤世嫉俗者认为,现代主义在此大获全胜的原因是动物和人类不同,他们无法反抗现代主义的规定和法则。然而,如今的巴比肯社区、伊索康公寓以及特里克塔等备受人们追捧,表明现代主义建筑师们笑到了最后。

# 89. 巴特西电站

## SW8

巴特西电站是又一座英国真正的地标性建筑,被列为英国二级保护建筑。由于种种错误,这座旧发电站在过去二三十年的大部分时间里遭到了废弃,不过在写作本书时,它又在进行重新开发。

　　巴特西电站精美的内饰采用的是装饰艺术风格,它的设计和第二代红色电话亭一样,也是贾尔斯·吉尔伯特·斯科特的手笔。它也和前面提及的胡佛工厂一样，似乎预示着一个振奋人心的新工业时代的到来，同时凸显了现代大都市巨大的物理能和惊人的电力需求。

巴特西电站气势宏伟，建筑风格极具创意，但在 20 世纪 30 年代，作为新的城市天际线，它赫然耸立在泰晤士河上，肯定不受人们欢迎，尤其是从更奢华的河对岸观看时，就会加深这种感受。一般情况下，人们很容易忘掉建造它的目的，特别是当它满功率运行时，这种目的就会被忽视。巴特西电站有几个英国有史以来最大的锅炉，每年要消耗 100 万吨煤，满功率运行时，四个烟囱齐齐向外喷出烟雾，导致空气呛人、终年污染。那时的巴特西电站可能就是一个无穷无尽的重要污染源。

当然，巴特西电站也以其他方式影响着伦敦，它的特殊感染力正源于此。从 1965 年的披头士乐队到近半个世纪后的接招合唱团①，巴特西电站无数次在电影里露面。平克·弗洛伊德乐队的著名飞猪②照片的拍摄也以巴特西电站为背景。巴特西电站未来的发展走向已成为人们长期津津乐道的传说。这座规模庞大、引人注目的电站，似乎与每一个伦敦人都息息相关。

① 接招合唱团（Take That）：是 1990 年创立的英格兰男子流行演唱组合，被英国广播公司誉为披头士之后最受欢迎的英国乐队。（译注）

② 平克·弗洛伊德乐队（Pink Floyd）：创立于 1965 年，是摇滚史上最伟大的乐队之一，最著名的专辑有《月之暗面》（*The Dark Side of the Moon*）和《墙》（*The Wall*）。以巴特西电站为背景的巨大充气飞猪是乐队 1977 年发行的专辑《动物》的封面照片，此后飞猪也多次出现在乐队演唱会现场的上空，极大地提升了乐队人气和唱片销量。（译注）

# 90. 考勒姆园

## 吉尔福德大街，WC1

18 世纪 30 年代，为了改变许多伦敦儿童的命运，家境优渥的海员托马斯·考勒姆在布鲁姆斯伯里建立了"孤儿院"。将近两百年后，由于孤儿院内大片区域被划定为开发区域，仅留下宝贵的 7 英亩地供孩子们继续嬉戏玩耍。与伦敦其他公园相比，考勒姆园的独特之处在于，它规定成年人禁止入内，除非有 16 岁及以下年龄儿童陪同方可进入。园中有数个游戏场所、一方池塘、一家快餐店以及一处儿童爱畜动物园。

园内还有一座小型博物馆，用于纪念考勒姆船长和他不同寻常的馈赠。有一家以他的名字命名的慈善机构仍在积极帮助伦敦儿童。考勒姆园正门口有一根石柱，上面有一个壁龛。18 世纪，贫穷的工人阶级母亲们可以把自己的孩子放在壁龛里，她们知道有人会把孩子接走，孩子会得到悉心照顾，迎来更美好的生活机遇。

# 91. 邮政研究站

## 弗劳尔斯街，NW2

20 世纪 30 年代中期，当普通大众尚不知情之时，伦敦市当局越来越清醒地意识到欧洲即将爆发又一场大战。英国对德国东山再起带来的威胁确实非常重视，多利士山一栋以住房协会公寓楼为掩护的邮政研究站就是明证。

邮政研究站大楼建成于 1925 年，几年后，时任首相拉姆齐·麦克唐纳正式宣布它对外开放。当时鲜有人对它的名称和外观感兴趣，不过，作为一家研究机构，它取得了令人钦佩的成就，成了通信行业诸多科技进步的引领者。研究站的人员曾研制了世界上第一台电子编程计算机——巨人计算机，之后还研制了电子随机数字显示设备，这种设备多年来一直用于选择溢价债券中奖号码。

巨人计算机的设计者是伦敦东区出生的工程师托马斯·弗劳尔斯。为了纪念他，邮政研究站的地址"弗劳尔斯街"就以他的名字命名。巨人计算机是布莱切利园①绝密材料解密程序的一部分，在战事中发挥了巨大作用。邮政研究站大楼下还隐藏着一个更为惊人的秘密，即代号"潘多克"的大型多层地下掩体。首相、内阁、陆海空军的参谋长可以在这里指挥作战，十分安全。

伦敦有数个类似"潘多克"的地下掩体，比之更大的一个地下掩体位于林荫路入口处、大量蔓生植物覆盖的海军部大楼下面。"潘多克"是 1939 年在绝对保密的情况下修建的，这样就能确保在德军炮弹轰炸伦敦时，国家管理依然能够运转如常。

"潘多克"最终也没有派上大用场，战时内阁在此仅召开了两次会议，后来温斯顿·丘吉尔坚持要返回伦敦中心区域。丘吉尔讨厌这个地方，在郊区的每一天情绪都非常低沉，而对白厅街附近的旧内阁战情室则更为满意。内阁战情室现在变成了游客扎堆的景点，但没有几个游客知晓战情室仅是一个更大的地下行政综合体的一小部分。这个行政综合体位于斯托里门下面，占地 6 英亩，受到 17 英尺厚的混凝土防护层的保护。现在从外面的马路上就可以看到这个防护层，但行政综合体不对公众开放。它和"潘多克"一样，让我们瞥见了一个引人向往而几乎不为人知的伦敦。

---

① 布莱切利园：一座位于英格兰布莱切利镇的宅第，第二次世界大战期间曾经是英国政府进行密码解读的主要地方。（译注）

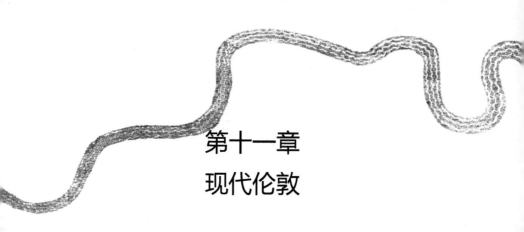

# 第十一章
# 现代伦敦

**总**的来说，第一次世界大战给伦敦人带来了创伤，而城市建筑并没有受到影响，但第二次世界大战却摧毁了这座城市，在经过轰炸和焚烧后，伦敦一百多万所住宅遭到严重损毁，整个城市变得千疮百孔。伦敦居民逐渐对这种景象习以为常。

希特勒认定空袭可以一举战胜英国，但在伦敦和整个英国发生的一切证明了此言之谬。所谓"闪电战精神"滋生了许多关于希特勒不可战胜的神话，然而在伦敦，当许多遭到严重空袭的人身处前线，和战士们共渡难关时，好像都会产生一种油然而生、令人惊奇的自豪感。人们始终坚信："我们能够胜利。"

战争的后果着实触目惊心。虽然伤亡人数少得出奇，但重要的地标性建筑，如伦敦塔、威斯敏斯特大教堂和众议院都受到了严重毁坏。另外，空袭也带来了许多激动人心的发现，比如在遭到轰炸的废墟下挖掘出了罗马时期、撒克逊时期以及中世纪的遗迹。空袭还使伦敦获得了重塑自我的罕见机会。当然，重建后的伦敦，并不是所有的新建筑物都很美观，有一些建筑也确实不尽人意。不过，如同三百年前"大火"之后的重建一样，伦敦又一次缓慢地从灰烬中涅槃重生。

# 92. 巴比肯社区

## 伦敦城，EC2

建立巴比肯社区是改造战后首都支离破碎面貌的一大举措，不仅是为了替代被毁建筑，更是为了逆转长期的居民流动方向，引导居民迁出具有历史意义的"一平方英里"。巴比肯社区的构想是建造一个设施齐全的全新社区，能够容纳 6500 多户居民，配套设施包括商店、占地十几英亩的水域、公共露天用地、停车场、饭店、剧院、电影院、两所学校和一个音乐厅。

巴比肯社区旧址遭燃烧弹轰炸后，满目疮痍，据说走半英里路，有可能连一栋完好的建筑也遇不到。制订重建计划对伦敦至关重要，但从一开始就因设计问题而一波三折，还因劳资纠纷延期。早在 1954 年，张伯伦、鲍威尔和本恩三位建筑师就已经做出了巴比肯社区的初步设计，可是直到 1960 年，建筑设计的签署工作才全部完成。社区的"心脏"巴比肯艺术中心直至进入 20 世纪 80 年代才竣工，当时女王伊丽莎白二世亲自宣布社区面向公众开放。

巴比肯艺术中心是一座典型的现代派建筑，设计不拘常规，创意十足，带有鲜明的时代特色。建成 20 年后，它被正式列入英国二级建筑，此时艺术中心综合体已经实现了许多目标，成了整个伦敦重要的艺术中心，也是值得一去的旅游目的地。批评者指出，社区人口没有体现出最初设计的社会融合现象：社区的位置和需求意味着 999 年的租期成本高昂，每到星期五这里空空如也，富有的社区居民都退回乡下的住宅。社区建筑师们却认为这是一个"和谐一体的社区，生活方便惬意"，由此断言，未来人们一定会认可他们取得的成功。

# 93. 电信塔

### 克利夫兰街，W1

随着工会动乱愈演愈烈，国内汽车制造业面临破产，大量重要航空航天项目突然终止，工党在 20 世纪 60 年代技术革命白热化时打造的"崭新英国"梦想化为了泡影。就在那几年，人们逐渐明白了他们翘首期盼的新时代永远不会露出端倪。不过，这一时期伦敦至少新增了一处璀璨夺目的现代建筑地标，至今看上去还是那么宏伟壮丽，惹人喜爱。

英国电信塔于 1965 年竣工，高达 619 英尺，显得气势非凡。电信塔起初叫作"邮政塔"，它的设计者并非当时的明星建筑师，而是英国工程部设计师埃里克·贝德福德。和今日电信塔的功能一样，修建电信塔的目的是向伦敦盆地周边发射数百万高能微波无线电，为电视、电话信号提供一个平台，所以在设计方面力求实用美观。不过，从某种有趣的角度来讲，这种设计意图其实和政客的允诺一样空洞无意义。

电信塔的设计很有想象力，外观呈现为一座纤细的圆形塔楼。它有一个奇妙的设计，在强风状况下会从垂直状态弯曲 8 英寸。塔楼的主体结构实际上是一个混凝土圆柱，隐藏在钢圈和玻璃幕墙之内，这样就给人一种全是办公室的印象，其实第 8 层以上除了几个观景台和一个高档餐厅外别无其他。餐厅位于第 35 楼，随着它缓慢旋转，游客可以俯瞰美丽的城市全景，每次旋转只需 20 多分钟。遗憾的是，自 1971 年爱尔兰共和军①在第 34 楼的男厕引爆了一枚炸弹后，餐厅就开始禁止游客入内了。

---

① 爱尔兰共和军（Irish Republican Army）：成立于 1919 年，是爱尔兰新芬党的军事机构，总部设在都柏林，成员分布于南北爱尔兰，长时间通过暴力活动实现政治诉求，被许多国家视为恐怖组织。（译注）

电信塔外观设计精巧，引人注目，预示着伦敦西区可能会迎来一个类似的建筑风格创新的时代。然而，这种情况却从未发生。多年来，它的左邻右舍大多是 20 世纪 60 年代平淡无奇的大楼或破旧不堪的乔治时代幸存建筑。今天，从塔顶俯瞰地面景观，正在发生的变化一目了然，许多新楼拔地而起，在米德尔塞克斯医院旧址的大片空地上，新楼尤多。除了对具有历史意义的费兹洛维亚区①受到令人嫉妒的保护有争议外，其他的一切变化都令人激动。即便现在，在 50 年后的今天，我们也很难想象有哪一栋大楼的影响力或魅力会超过埃里克·贝德福德设计的宏伟的电信塔。

# 94. 伦敦 E4 区

## 埃塞克斯郡，西沃尔德石头村

伦敦最古老的邮筒于 1866 年安放在康沃尔园林（W8），这一年是为加速伦敦邮政区邮件递送而启用第一批邮编的大约第十个年头。随着伦敦的不断拓展，伦敦在 1880 年改名为伦敦郡，1965 年改名为大伦敦，皇家邮政编号系统变得越来越庞大，也越来越复杂，人口密度超过平均值的地区更是如此。

当前伦敦邮政编号基于以字母标识的六个单独区域，即 NW（西北）区、N（北）区、E（东）区、W（西）区、SW（西南）区和 SE（东南）区②，这种编排和罗盘上的方向标识一致，总体上逻辑严密，但某些方面看起来又有些随意。例如，SW1 区和 SW3 区相邻，位于

---

① 费兹洛维亚区（Fitzrovia）：位于伦敦中心区，邻近伦敦西区，历史上的波西米亚区域，弗吉尼亚·伍尔芙、萧伯纳等人曾在此居住。（译注）

② 罗盘的四个方位中，S 被小说家安东尼·特罗洛普在担任邮政大臣秘书期间废除，他后来调任谢菲尔德。（原注）

泰晤士河的北部,而 SW2 区却在泰晤士河的另一侧数英里远的地方。这个编号系统的关键是数字顺序,数字 1 用来标识中心"主要区域",毗邻的区域要根据字母表顺序编号。因此,切尔西(Chelsea,SW3)的编号顺序就在布里克斯顿(Brixton,SW2)之后,而先于克拉珀姆(Clapham,SW4)。

还有许多独特的编号,有时难以解释其中的缘由。例如,不存在标识为东 19(E19)的区域;泰晤士米德(Thamesmead)是 SW28,在字母表上的顺序比西诺伍德(West Norwood,SE27)靠前,可编号顺序却在其后。最令人百思不得其解的是,埃塞克斯郡沃尔瑟姆修道院教区有一个叫西沃尔德石头村的小村子,尽管地处大伦敦边界之外,竟然被正式划归 E4 区。另一个反常的编号是 E20 区,它现指以前的奥林匹克公园占用的地区,但以前一直用来指沃尔福德,即英国广播公司的肥皂剧《伦敦东区人》的虚构场景所在地。

## 95. 伦敦码头区开发公司

道格斯岛,E14

伦敦码头区开发公司创建于 1981 年,是一个实力雄厚的半官方机构,具体负责恢复利用塔桥以东 8 平方英里多码头区的弃置土地,推进了金丝雀码头、萨里码头、伦敦城市机场以及其他很多大规模建筑工程的建设。

这片位于伦敦东区的巨大码头区在第二次世界大战中遭到狂轰滥炸,后来得到了妥善修复,但它跟不上码头货运向集装箱化转变的步伐,也无法应对由此对船舶设计造成的影响。明确地说,新一代船只的体积要比之前的船只大很多,比如新型的马士基 3E 级集装箱船差不多有四分之一英里长,和六车道的高速公路一样宽。船只往往因体积过于庞大而无法在码头上停泊,只能停靠在沿海港口。

伦敦港勉力维系到 20 世纪 70 年代末终止运转，造成 8 万多人失业。对于一座始建于 1 世纪伦底纽姆时期、历史悠久的港口来说，这是一个令人心痛的结局；对于当地居民和经济发展来说，这有可能是一场灾难。

伦敦码头区开发公司于 1997 年停止运营，之前遵循了圣凯瑟琳码头区重建的成熟模式，为前景较好的旧建筑积极开发新用途，开拓、变卖了数千亩土地，建成了新开发区。新开发区拥有全新的交通基础设施，包括大约 100 英里长的新修马路以及崭新的码头区无人驾驶轻轨铁路，把新开发区和首都其他区域更有效地连为了一体。到目前为止，这项工程是英国有史以来最大的码头改造工程，虽然对它时有争议，但最终取得了巨大的成功。

不出所料，在码头区开发公司成立之初，当地居民（主要是失业者）怨声迭起，他们觉得开发商和傲慢无礼的新雅皮士阶级会把他们挤出原本属于自己的居住区。16 年后，在这个半官方性质的公司停止运营时，居民们的怒气才渐渐平息。此时，那里已经创建了数百万平方米的办公区和商业区，这预示着更好的就业前景，除此之外，还有多达 2.5 万新住宅。住宅区建设所需的绝大部分资金来自于私营企业的融资，总计达数十亿英镑。

码头区开发公司修建的许多新建筑平淡无奇，甚至有些建筑质量并不高，不过考虑到它的运营规模之宏大，这样的现象也就不可避免了。当然，没有什么建筑能比肩老建筑中的翘楚，比如气势宏伟的英国一级建筑——烟草码头，但这一点没有人们想得那么重要。

事实上，旧港区的开发创建了一个崭新的伦敦，它未受到现存景观的束缚，也未受到有限既得利益和保护已有建筑需求的束缚。正因如此，这片区域可能还会继续这样发展，而老城区就永远做不到自由发展。反过来说，这意味着大多数新建筑可能不会存活太久。快速攀升的地价、技术进步和商业景观的频繁改头换面会推动前所未有的变化产生，所以 20、21 世纪的大部分建筑物，甚至地标性建筑的寿命，可能比笔者在本书头几章提到的建筑物寿命要短得多。

# 96. 军情六处大楼

沃克斯豪尔大厦，SW8

在 20 世纪大部分时间里，军情六处大楼一直是英国情报部门所在地。在伦敦，鲜有人知道军情五处和六处之类特工情报部门的位置，至于其人员组成和所从事的工作，更无人知晓。

在初创时期，军情六处的特工们通常栖身于散布在圣詹姆斯公园附近的无名小楼里。现在推测，可能至少有两栋楼之间曾用一条秘密地下通道相互连接。为了杜绝外人来访，这些楼门上方使用了很多假名牌。①据谍报小说作家、冷战时期的间谍约翰·勒卡雷说，军情六处处长也被安置在"一栋歪歪扭扭的小楼的上层，要走到一条蜘蛛网般诡异的走廊尽头，再从狭窄的楼梯上去"。除了极少数情报部门官员外，那时甚至没有一个人知道他的名字。据说，这些阴暗逼仄、迷宫般的楼内安全措施松懈，致使像金·菲比这样的苏联双重间谍每周末能够把手提箱装满文件再提到家里，与他的苏联上司仔细研读。

1994 年是发生重大转折的一年，这一年，军情六处将总部搬到了泰晤士河畔最大、最显眼的一栋楼上。就在两年前，大众还不知道这个机关的存在，但约翰·梅杰首相承诺要"扫除笼罩军情六处秘密的蜘蛛网"。一般认为，从这时起，军情六处接管了特里·法拉尔爵士斥资 2.8 亿英镑修建的那座后现代派塔庙。

官方从未正式宣布过这次迁址，仍以沃克斯豪尔大厦 85 号称呼

---

① 军情六处一度以米尼曼克斯消防公司的身份作为掩护，但这个策略很少奏效。20 世纪 30 年代，德国情报部门获得了确切情报，长期在大街上安排特工监视军情六处人员的进出。（原注）

这栋绿色与沙粒色大楼,但是伦敦人都知道它是军情六处大楼,因它曾在詹姆斯·邦德系列的两部电影里露面。它于 2000 年遭到俄制火箭袭击而毁坏,阴谋论者一直怀疑整个事件就是一场精心设计的骗局。他们认为,真正的谍报部门一定另有他处。这种想法倒有几分道理,但听起来类似于另外一条谣言——军情六处通过一条长长的隧道与泰晤士河对岸泰晤士大厦的军情五处相通。

# 97. 尼斯登神庙

### 布伦特菲尔德路,NW10

如前所述,伦敦历来是世界上最具民族多样性和文化多元性的城市之一,没有什么地方比印度教纳拉扬教派(BAPS)的尼斯登神庙更能展示这一点。

尼斯登神庙落成于 1995 年,可以容纳 2500 多名信徒,是迄今为止印度之外最大的印度教神庙,也是欧洲第一个印度教传统寺庙建筑。此前,这个大型印度教流散团体的教徒之前试图改造利用世俗建筑,而全新建造的尼斯登神庙为他们树立了一个新样板。

尼斯登神庙的设计方案由在伦敦的印度工匠和志愿者共同制订,方案丝毫没有迎合郊区环境和当地建筑风格。根据此设计,需将大约 3000 吨保加利亚石灰石和 2000 吨意大利卡拉拉大理石运往印度次大陆,对每块石头进行测量、雕刻和编号后再运往伦敦进行拼接。

尼斯登神庙建设项目资金完全自筹,工期五年,如今它已成为首都最令人愉悦、最激动人心的新兴建筑之一。它代表了具有世界级水平的亚洲传统工艺,是伦敦西北部街道上一道靓丽的风景。它生动诠释了这种群体精神,同时也在努力对这座现代城市产生影响。

# 98. 贝丁顿零能源社区

## 哈克布里奇郊区，桑德马丁路，SM①6

在可持续城市生活方式的探索方面，地处伦敦萨顿自治市的贝丁顿零能源社区最具特色、创意与开拓性。社区建筑规模较小，只有82套住宅和大约20处办公区；为鼓励使用公共交通工具，停车区也设置得非常小。但社区的建成表明伦敦在城市建设方面取得了一些实实在在的进步，为其他社区提供了一种很有说服力和吸引力的模式。这种社区模式面向未来，既受公众欢迎，又充满人道主义色彩。

　　贝丁顿社区于 2002 年在一块受到污染的已拆迁空地上建成。在挖掘污水处理厂原址时曾发现罗马时期的陶瓷制品。社区建筑包括住宅、公寓楼和跃层公寓，每一种建筑都经过精心设计，以此降低正常家庭生活对环境造成的不利影响。值得一提的是，社区设计利用的多种智能技术大幅减少了住户对资源的消耗，如采暖能耗降低了 88%、热水用量减少了 57%、用电量减少了 25%、用水量减少了 50%。此外，每处住宅的建设还尽可能地使用了自然材料和再生材料。为了使交通费用降到最低，增加就业，建设时还尽量将工程交给当地承包商来做。

　　贝丁顿社区的建筑物具有先进的隔热及雨水、废水回收设施，还有一处以有机废物作燃料的组合热力核心发电站，同时安装了许多集成太阳能光伏板补充常规能源，屋顶上独特的旋转金属通风帽可以将新鲜空气吸入室内，排出废气。贝丁顿社区由皮博迪信托公司出资，意味着这些特别宽敞的住宅都要以租赁形式使用，不能完全归个人所有。社区住宅都面朝正南方向，通过巨大的三层玻璃窗增加日光吸收，

---

① 　SM 是萨顿（Sutton）邮区的代码，萨顿是"大伦敦"的自治市之一。（译注）

降低采暖费用。

贝丁顿社区建筑密度较高，当然伦敦的任何新建筑物都是如此，但贝丁顿的住户们都有自己的花园和屋顶露台，占地面积 3 英亩半的社区里还配备了公共体育设施。那时，大幅降低能耗本来是一件不可能的事，所以贝丁顿社区能够如此显著地降低能耗并非轻而易举，而是依仗这些煞费苦心的设施才做到的。最近这些年我们已经意识到，我们所面临的环境问题没有单一的优质解决方案，伦敦要想拥有低碳未来，我们需要的是贝丁顿社区这种考虑周全的规划，而不是简单的闭合开关。

# 99. 鲍里斯单车停靠站

## 全伦敦

单车租赁计划的官方名称是巴克莱银行单车租赁计划，但一开始人们把这种独特的蓝色单车称为鲍里斯单车，与其说这是英国银行业不得人心的体现，不如说是活力四射、言谈举止另类的鲍里斯超高人气的体现。这种单车就是在他担任伦敦市市长期间引入的。

单车租赁计划是提高伦敦出行效率的最新尝试，当然，它不是亚历山大·鲍里斯·德·普菲费尔·约翰逊的创意，但鲍里斯与它的联系最为密切。2010 年在启动该计划时，约翰逊把它描述为"浩大的共产主义实验"，他还表达了希望单车与黑色计程车、红色公交车一样，能成为全球公认的伦敦符号的愿望。

单车计划得以顺利实施。虽然一开始遭遇了一些暂时的困难，也不可避免地发生了一些事故，但庆幸的是，事故率非常低。在写作本书时，已有将近 600 个专门的单车停放站，遍布伦敦大街小巷。事实证明，8000 辆加拿大产单车绝不是昙花一现的新生事物，它们很快成了伦敦街头一道熟悉的风景线。

2012 年的某一天，鲍里斯单车创下了 47 105 人次的单日骑行

记录。根据使用规则，用户在头半个小时里可免费骑行。多达 49%
的用户坦言，正是由于单车租赁计划的实施，他们才开始在伦敦骑
单车。

的确，单车租赁计划对于交通拥挤的伦敦来说可能是一个好
消息。交通拥堵费的收取未明显减少在伦敦驾车所需的时间。现
在，街道下方已无修建更多隧道的空间，就算有，我们也缺少财力
和物力去创建一个全新的地下交通网络，或大幅改善现有地下交
通网络。

那么，单车也许就是伦敦交通问题的答案。作为一项打破常规、
独一无二的项目，单车租赁计划是伦敦交通管理局首个完全提供运营
资金的项目。计划的实施有可能催生伦敦街头大量单车骑行者，前景
令人期待。当这一现象出现时，希望汽车、卡车和公交车司机调整驾
驶风格，为那些新的马路使用者留出一定空间，伦敦街道会因此而变
得更安全、更干净，出行的速度也会稍稍加快。

# 100.　记账房

## 康希尔区，EC3

记账房是个生意兴隆的酒吧，位于一家爱德华时代的老银行里。它是
伦敦城持续重塑自己的最佳例证，特别值得一提的是，它见证了"一
平方英里"周而复始的历史。

几百年来，伦敦商人与顾客和竞争对手都在酒馆里谈生意，后来
在新潮的咖啡屋，很多生意就是在这种不太正式的场合里谈成的。例
如，著名的"伦敦劳埃德保险公司"是由 17 世纪塔街上的一处名叫
"劳埃德"的住宅发展而来。房主爱德华·劳埃德为船东们提供了这
样一个适宜的场所，他们每个下午可以聚在一起交换信息，商讨装船
货物的保险金问题。

同样，乔纳森咖啡屋变成了股票经纪人经常光顾之地，特别是在

17 世纪 90 年代，他们由于性情粗野而被皇家证券交易所拒之门外。股票交易在这里顺风顺水地进行了几十年，直到 1772 年夏，他们意识到股票交易应该在更正式的场所进行，于是寻到了一处新宅，"称之为伦敦证券交易所，名称写在大门的上方"。

这两家机构共同经历着"一平方英里"财富的波动，都得到了大规模扩展，如今都占据着为国际贸易量体裁衣而建的大型现代建筑。时光荏苒，各家银行也历经变化，当然，它们的变化也同样意义深远。这些金融机构一般先销售饮料酒水，然后才进入相关商业领域。然而我们发现，各家银行中，记账房是一个例外，它颠倒了这种商业发展过程，已经回到了以前提供饮食服务的经营模式。

对于在伦敦金融城工作的人来说，近些年来最巨大的变化莫过于1986 年迅速放松金融管制这一过程，我们称之为"大爆炸"。随着计算机的快速普及，新的贸易方式要求在大型开放式平面场所开展业务，而不是规划严谨的分层式封闭办公室，像记账房这样的传统银行场所已不能满足业务需求了。

在许多银行被拆除重建的情况下，记账房的建筑却得到了精心修复，改造成了一家酒吧。这堪称伦敦金融城持续与时俱进的缩影——咖啡屋曾经都演变为金融机构，而如今我们又使一家金融机构获得重生。在这里，商业人士和其他人士可以一边谈生意，一边喝上一杯，这是多么愉快的一件事！还有一件特别令人感到愉快的事——记账房的地基建立在伦敦古罗马长方形会堂的遗址之上。当然，罗马遗址正是大约两千年前我们的伦敦故事拉开序幕的地方。